CON LA MUERTE EN LOS TALONES

Dos inglesas durante la rebelión india 1857-1858

PILAR TEJERA

EDICIONES
CASIOPEA

Con la muerte en los talones
© Pilar Tejera, 2024
© Ediciones Casiopea

ISBN: 978-84-129062-5-7
Depósito legal: M-22769-2024

Imagen de cubiertas: *El sueño de Jessie (El alivio de Lucknow)*. Frederick Goodall

Diseño de cubierta: CaryCar Servicios Editoriales
Maquetación: CaryCar Servicios Editoriales
Impreso en España

ÍNDICE

PRESENTACIÓN A
LA PRESENTE EDICIÓN

————— ··●·· —————

Cuando escribí el libro *Casadas con el Imperio*, mi idea no fue soltar un rollo sobre la historia de la India a través de las viajeras inglesas que anduvieron por allí, sino intentar contestar algunas preguntas como: ¿Cómo vivieron aquellas mujeres una experiencia tan radical como aquella? ¿Qué les hubiera gustado saber, o qué les habría venido bien conocer antes de encontrarse allí? ¿Qué lamentaron durante su estancia en la India? ¿Qué ganaron o qué perdieron? ¿Cómo les cambió aquello? Respecto a esta última pregunta, tras haber leído sus diarios y memorias, queda claro que se volvieron personas más sabias, más resistentes y más abiertas de mente. A su regreso a Inglaterra, muchas de estas expatriadas en vez de hurgar en las heridas de la India, intentaron sanarlas con buenos recuerdos, con perdón y agradecimiento por lo que habían aprendido en aquel destino.

Combatir tantísimos frentes como los que se les presentaron fue una tarea titánica, y si algo demostraron al imperio británico —que tenía a la mujer como un ser débil, frágil y vulnerable a quien debía proteger—, fue lo resistentes, lo decididas y arrojadas que fueron. Esto sucedió especialmente durante los motines de los soldados indios (cipayos) contra los ingleses entre 1857 y 1858. Forma parte de la vida militar enfrentar la muerte, pero cuando en Inglaterra se conocieron las atrocidades cometidas sobre sus mujeres y niños a manos de los rebeldes, lo sucedido dio al traste con la flema británica y los ingleses pasaron a convertirse en verdugos sin distinguir entre culpables e inocentes. Fue el periodo más aciago, más duro y sangriento en la India durante la presencia británica.

Durante los dos años de revueltas, muchas mujeres fueron víctimas de violaciones, vejaciones y torturas mientras veían morir a sus hijos pequeños a manos de los amotinados. Pero algunas sobrevivieron a tal experiencia, entre ellas, una de las protagonistas de este libro: Eliza Fay.

Eliza Fay logró escapar y refugiarse en el fuerte de Agra en compañía de 6000 personas durante un asedio que se alargó seis meses en el tiempo. Su historia es simplemente inaudita. Otras menos afortunadas no regresaron jamás a su país de origen. Fue el caso de la esposa del gobernador de la India, lady Canning, también incluida en el presente libro.

Me he permitido extraer y actualizar estos dos capítulos del libro *Casadas con el Imperio* para recuperar la memoria de las madres, hijas y esposas británicas en uno de los peores momentos de la historia de la India, sin ahondar en los muchos motivos que tuvieron los cipayos para rebelarse, pues la expansión, explotación y dominio de la India a manos de la Compañía Británica de las Indias Orientales, así como los métodos empleados, dieron sobradas razones para ello. He incluido en el epílogo la vida de otra inglesa que no viene recogida en el libro *Casadas con el Imperio* y que pienso que por lo sorprendente de su historia es la apropiada para cerrar este libro.

Espero que disfruten con su lectura.

Pilar Tejera
Octubre 2024

CON LA MUERTE EN LOS TALONES

*Cuando logré coronar el montículo, la caballe-
ría había desaparecido y los únicos signos de su in-
cursión eran los muertos y los restos de sus cuerpos.*

Elisa F. Greathed
Letters Written during the Siege of Delhi

Esposas del Imperio. Algunas han atravesado los angostos corredores de la era victoriana en los años más brillantes de
la Compañía de las Indias. Pero este periodo se halla próximo
a su fin. El esplendor mogol que ha conocido Emily Eden, la
libertad de la que han disfrutado Fanny Parkes, viajando con la
sola compañía de un guía local, o Amelia Farkland, presenciando
la fastuosidad en el séquito del rajá de Sattara, están a punto de
desaparecer. «Nuestros hogares en la India están en llamas. Per-
derlos equivaldría a ver disminuido nuestro poder y descender en
el rango de las naciones de Europa. El fuego debe ser extinguido
a cualquier precio». Las afirmaciones publicadas en junio de 1857
por *The Illustrated London News,* y más tarde las de *The Times:*
«Una guerra civil se ha desatado sobre nosotros», hacen saltar
las alarmas del Imperio. Ese año, el mismo en que el divorcio es
introducido en Reino Unido, los soldados indios se amotinan,
iniciando una rebelión contra la política colonial inglesa.

Muchos ingleses perderán la vida en los levantamientos. Hasta aquel momento, el único contacto de las europeas con los nativos se reducía al trato doméstico. Los valores victorianos han hecho de la dignidad y la castidad de sus damas símbolos del Imperio. Ninguna de ellas jamás, ni en sus peores sueños, ha albergado la idea de tener alguna relación física con los nativos. Pero llegan relatos de crímenes espeluznantes. Relatos que recorren el Imperio como oscuras sombras. Se hace famosa la historia de la esposa de un oficial en Meerut que ha sido arrastrada fuera de la iglesia, despojada de sus ropas y mutilada en sus pechos. Lo mismo con las cuarenta y ocho inglesas deshonradas en las calles de Delhi por «lo más bajo de aquellas gentes» y a la vista del público antes de ser desmembradas. Lo ocurrido en Cawnpore y Lucknow desata el estupor parlamentario y el clamor popular. Casi doscientas mujeres asesinadas en Cawnpore, y las más de doscientas supervivientes del cerco de Lucknow tras cinco durísimos meses en condiciones terribles. En ambos casos, son víctimas de la severidad de un conflicto que nadie había acertado sospechar.

Pero tales desgracias también sacan a la luz el valor de la mujer, considerada hasta entonces frágil y vulnerable. Historias como las de Judith Wheeler, que logra matar a cinco rebeldes antes de arrojarse a un pozo, desvelan una faceta desconocida de las jóvenes inglesas. «Escuchamos con dolor, pero no quizás con horror, las pérdidas de nuestros valientes soldados. Al fin y al cabo, forma parte de la vida militar enfrentar la muerte; sin embargo, cuando leemos las atrocidades cometidas sobre nuestras mujeres y niños, el corazón de Inglaterra se estremece. Todo el peso de la justicia caerá sobre los rebeldes». *The Illustrated London News* comparte el sentir del pueblo británico. El conde de Ellenborough declara en la Cámara de los Lores: «El gobierno tiene el mismo deber de proteger nuestro imperio en la India como protegería el condado de Kent si fuera atacado».

Aquellos que logran sobrevivir a las masacres y lo pierden todo nutrirán las librerías con escalofriantes relatos. *The Times* publica una carta de la esposa de un oficial del ejército de Bengala: «Nuestra casa en Neemuch es una ruina, una cáscara vacía sin un solo objeto de valor. Libros rotos o quemados; muebles destrozados o robados. Ni una taza, ni una copa de cristal, ni una prenda de ropa; las puertas y ventanas rotas; los objetos personales robados o destruidos... Ya no nos queda nada». Su autora ha tenido suerte. Otras mujeres no son tan afortunadas.

Nuestra sed era terrible y no había agua que pudiéramos beber, excepto el lodo verdoso de las cisternas del camino que aún no se habían secado. Mi marido nos trajo a los niños y a mí una magra ración en el hueco de sus manos. Cerré entonces mis ojos, tapé mi nariz y bebí con gran avidez aquel líquido que encarnaba la teoría de que la fiebre tifoidea proviene del agua en mal estado.

Harriet Tytler

El 11 de mayo de 1857, los motines estallan en Delhi y Harriet Tytler, embarazada de ocho meses y con dos niños pequeños que cuidar, se encuentra sitiada y rodeada de rebeldes. Será la única europea superviviente de uno de los más atroces escenarios de las revueltas. «Apenas habíamos avanzado cuando, de repente, las cuatro ruedas del carro se despedazaron dejando el cuerpo del vehículo en el camino, un desastre sin esperanza. No había más remedio que caminar».

Harriet y su familia logran alcanzar Umbala, donde tendrán que penar por sobrevivir sin un techo donde cobijar a los niños. «Allí no había albergues y el bungaló de viajeros estaba atestado. Tampoco, amigos a quienes pedir que nos recibieran, así que tuvimos que dormir en improvisadas tiendas y en carros».

La toma de Delhi por los británicos, tras dos meses de asedio y una semana de lucha encarnizada por las calles, supondrá el espaldarazo moral que los ingleses necesitaban para ir recuperando el control de la India.

Tras la rebelión, la protección de las mujeres y niños europeos pasa a ser una prioridad. La vigilancia será especial con aquellas inglesas cuyos maridos se hallan en lugares remotos o aislados que impidan su inmediata reacción en caso de necesidad. Se cree en muchas de las historias publicadas o que corren de boca en boca sobre lo ocurrido. La carta del mayor Bailie sobre la subasta de las vírgenes inglesas en los bazares, o los sucesos de Cawnpore, donde según algunos, varias mujeres fueron clavadas a las paredes con bayonetas o quemadas vivas, desatan un odio ciego. Sir Colín Campbell, uno de los héroes durante las revueltas, escribirá que «las torturas más refinadas y los ultrajes más viles se perpetraban sobre los hombres, las mujeres y los niños por igual». Describe cómo las cautivas eran desnudadas en presencia de sus esposos, azotadas, exhibidas por las calles, violadas y más tarde asesinadas. Afirma también que los nativos se han deleitado no solo desmembrando a las mujeres, sino en la exquisita tortura de escaldarlas o despellejarlas, separando la piel a la altura del cuello para colocarla luego sobre la cabeza de sus indefensas víctimas. Durante generaciones, el pueblo inglés tratará de asimilar la humillación.

Cuando las cosas empiezan a calmarse, lord Canning, gobernador general de la India, inicia una investigación sobre los crímenes contra las mujeres. Su esposa secunda la iniciativa tras recibir a varias supervivientes. Se acaba probando la existencia de algunas afirmaciones infundadas, pero aquello no aplaca los ánimos. Lo sucedido da al traste con la flema británica y los ingleses pasarán a convertirse en verdugos sin distinguir entre culpables e inocentes. El teniente coronel Williams describe el terror de los prisioneros nativos: «Al acercarse el último y más terrible momento, los detenidos niegan cualquier conocimiento de tan asqueroso crimen como la matanza indiscriminada de mujeres y niños inocentes».

Son dos años de oscuridad. Los ríos de la India se tiñen de rojo y la muerte atraviesa como una ráfaga todo el norte del país, emponzoñando cuanto roza a su paso.

Ruth Coopland, superviviente de Gwalior y lady Canning, bajo la perspectiva del gobierno central en la India, nos cuentan en las siguientes páginas qué ocurrió y cómo lo vivieron ellas.

RUTH COOPLAND

La vida en un fuerte

El creciente tumulto, las espesas humaredas y el fuego por todas partes nos convencieron de la necesidad de mantener lo más segura posible nuestra posición, de forma que repartimos la guardia en la planta baja. Después de oscurecer, un grupo de insurgentes se precipitó en el jardín expulsando a nuestros hombres y, tras entrar en la casa, la prendieron fuego. Por todas partes podíamos oírlos rompiendo cosas y saqueando mientras nos llamaban a gritos.

Elisa Greathed
*An Account of the Opening
of the Indían Mutíny at Meerut, 1857*

Gwalior, 122 kilómetros al sur de Agra, 3 de junio de 1857. La adrenalina corriendo como veneno por las venas de Ruth Coopland le permitía captar con nitidez toda clase de sonidos, por leves que fueran o muy lejos que se hallaran. La noche anterior, ni un alma se había aventurado por las calles de Gwalior, como si la ciudad contuviera la respiración presintiendo el inminente desastre. Ahora, el pesado aire llevaba hasta su posición una sinfonía de ecos y estruendos: risotadas, disparos y estallidos que taladraban la noche. A intervalos, toques de corneta, el crujido del vidrio estallando contra el suelo y el inconfundible crepitar del fuego devorando la madera. Podía escuchar también los gritos terribles de las madres y niños, los golpes de las puertas derribadas a patadas, las explosiones de la artillería. La brisa soplaba en dirección suya, por lo que el olor a carne quemada llegaba con morbosa nitidez. Percibía también el acre olor de la sangre fundido con la fetidez de la descomposición. Apenas se atrevía a respirar por miedo a ser localizada. El corazón le latía sin control. Podía oír a aquellos salvajes entrando en las casas, derribando cuanto hallaban a su paso, buscando ingleses a los que asesinar.

Sabía que la situación de las ciudades vecinas tomadas por la artillería nativa también era dramática y compartió lo que cientos de mujeres estarían padeciendo en aquellos momentos. En algún lugar, una madre se estaría volviendo loca al no poder salvar a sus pequeños de una muerte atroz. En alguna plaza, los cuchillos y espadas se estarían alzando para segar la vida de un inocente. El mundo que ella había descubierto hacía unos meses se derrumbaba. Qué lejos quedaba aquel enero, cuando al poco de llegar con su esposo había disfrutado de la hospitalidad del rajá, de los poblados nativos, de los centinelas y soldados locales... Las horas transcurrían lenta y angustiosamente. Agachada en un rincón del jardín, oculta bajo unos setos, Ruth barajaba las posibilidades de escapar con vida. Observó a su esposo, George Coopland, diácono en la ciudad. Parecía un fantasma. Su rostro pálido y ojeroso y los labios apretados componían una imagen de mal disimulado terror. Habían sido advertidos, apenas unas horas antes, de que los cipayos se dirigían allí para asesinarlos. Todo había acabado, pero no se dejarían descuartizar como ovejas sin oponer resistencia.

La luna iluminaba un cielo oscurecido por el humo de las llamas. A lo lejos, como si de gigantescas antorchas se tratara, centelleaban casas y almacenes. En aquellas horas fatídicas, Ruth tuvo tiempo para pensar. Pensaba en los constantes avisos de las últimas semanas; en los rumores sobre el horror que se expandía por la llanura del Ganges; en el alzamiento de los soldados nativos... La noche anterior, al saber de la masacre en Jhansi, a unos 100 kilómetros al sur, comprendió que ellos mismos hallarían la misma suerte muy pronto. Al ver llegar a un destacamento de jinetes cubiertos con largas capas, no pudieron evitar pensar que eran los soldados amotinados del capitán Alexander que regresaban para unirse al levantamiento.

Luego todo sucedió a la velocidad del rayo. Collins había sido el primero en caer tras recibir un disparo. Le siguieron el mayor Sheriff, la señora Campbell, Mackeller y el mayor Blake. Bajo el consejo de su esposo, Ruth se había puesto su vestido negro y no llevaba con ella joya alguna cuando salieron huyendo de la residencia.

Al espeso humo que le hacía llorar, se sumaban las lágrimas por la rabia. Lágrimas de pánico, de lástima por los cientos de personas que estarían clamando por sus vidas. De vez en cuando, unas sombras o unas voces surgían de la nada creciendo en dirección a donde se ocultaban. Escuchó aproximarse a un grupo de rebeldes. Sus *talwars,* con manchas de sangre aún fresca, brillaban en la oscuridad. Gracias a Dios, la noche había caído, pero la luna llena podía revelar su posición. Apretó la mano de su esposo y se agachó aún más al oír a aquellos diablos gritar su nombre. Sin duda los buscaban. Tras registrar la vivienda, tirar por el suelo los enseres y echar un vistazo al jardín, partieron de nuevo. Ruth volvió a respirar y cambió de posición. Notaba las piernas entumecidas. Bajo el coro estentóreo de gritos y carcajadas, sintió desvanecerse las horas de su vida. Volvió a sus conjeturas para espantar la angustia. Meditaba sobre la hipocresía de aquel mal nacido, Nana Sabih. Los indios se rebelaban por el ultraje hacia sus tierras, sus costumbres y su forma de vida. ¿Justificaba aquello las atrocidades contra mujeres y niños indefensos? El complot, sin duda, había permanecido oculto hasta el día fijado para una revuelta simultánea. Todo había parecido normal hasta el domingo 10 de mayo. Luego supieron del motín desatado en Meerut, donde cayeron las primeras víctimas, y de los levantamientos en otras ciudades.

A su llegada a Gwalior en enero, solo residían allí veinte oficiales ingleses con sus familias. Las fuerzas nativas estaban integradas por unos cinco mil soldados. Si la mitad de la caballería y la artillería había sido enviada a Agra, solo habían quedado en la ciudad un puñado de soldados británicos y algún civil como su marido. El resto eran mujeres y niños. La situación era desesperada. Rostros y nombres comenzaron a desfilar: el capitán Campbell, el capitán Hawkins y el capitán Gilbert con sus respectivas esposas; el mayor Macpherson, sir Robert Hamilton, el valiente capitán Stuart, el general Havelock, sir John Lawrence, sir James Outram, sir Hope Grant... Se acordó del mayor Blake, que acababa de regresar a la India con su mujer, y del teniente Innes, que había dejado a su hermana en Gwalior... ¿qué habría sido de ellos? Campbell había dado a su esposa dos pistolas cargadas antes de dejarla y Sarah Money, casada hacía apenas un mes, había recibido de su marido un abrazo de despedida cargado de malos presagios. ¿A cuántas de aquellas personas no volvería a ver?

Palpó la mano de su esposo. Estaba fría a pesar del calor. Cuántas cosas compartidas, pensó. Bajo la improvisada protección de aquellos arbustos, sintió deseos de despedirse de él, de abrazarle, de comunicarle la noticia del hijo que llevaba dentro. El mareo y la tristeza de saber que aquella sería su última noche juntos le provocaron arcadas. Por alguna razón, recordó al teniente Cockbourn, que, tras las atrocidades cometidas en Aligarh, se había topado con un grupo de civiles que huían despavoridos. Las mujeres iban desnudas y sangraban. Habían sido deshonradas. Madeline Jackson, con tan solo diecisiete años, había visto caer a su familia en Sitapur. Los rebeldes tomaron a su bebé, lo ensartaron en una lanza y lo arrojaron al río. Los informes aseguraban que al principio logró escapar a través de la jungla, pero su hermano corrió peor suerte. Resultó alcanzado y brutalmente ajusticiado. Días después, cuando los cipayos dieron con ella, la tomaron prisionera y fue conducida junto a otras mujeres a un lugar incierto. ¿Habría sobrevivido?

Cuando llegaron los primeros telegramas a Gwalior, algunos habían pensado en huir hacia la vecina Agra, pero Colvin, gobernador de aquella ciudad, había ordenado que no fueran hasta haber pruebas suficientes de que el motín se extendiera. ¿Pruebas suficientes?, ¿qué pruebas?, ¿la cabeza de alguna inglesa en una lanza?

Para cuando quisieron reaccionar, ya era tarde. Los rostros de los nativos fueron menos amigables, los gestos más sospechosos. Los sirvientes, las gentes del pueblo empezaron a no devolverles el saludo. De la noche al día, sus miradas se tornaron siniestras, insolentes. Gentes envenenadas por el rencor que no habrían dudado en degollarles a la menor ocasión. Días antes había sorprendido a su *ayah* probándose algunas prendas suyas, abriendo cofres, haciendo un inventario mental de sus posesiones... Los cipayos se reían disfrutando del creciente temor, manifestando lo que planeaban contra ellos. Las carreteras y puentes habían sido tomados por los rebeldes con orden de disparar contra todo el que intentara huir. Tal era la situación a la que se enfrentaban. Un puñado de ingleses a merced de los salvajes a más de 100 kilómetros de cualquier regimiento europeo.

Qué lento pasaba el tiempo y cuántas cosas se habían producido en los últimos días. El pasado martes, el capitán Murray les había conminado a ella y a su esposo a huir. Se sabía que las tropas nativas iban a alzarse en cualquier momento. Debían intentar alcanzar una casa de piedra situada a 10 kilómetros. Habían partido con lo puesto para no despertar sospechas. Tras unos momentos angustiosos temiendo caer en una emboscada, habían logrado pasar el puente. Un regimiento de infantería rodeaba el lugar designado como refugio. Nada más abrir la puerta, se toparon con la espeluznante escena: treinta mujeres con sus hijos, esposas de oficiales y soldados, apiñadas y con el pánico dibujado en sus rostros. Las ropas rasgadas, el cabello en enredados mechones, las miradas enloquecidas, brillantes de tristeza. Sus esposos, ausentes, corriendo también una suerte incierta; sus casas, en llamas. Sin ropas, sin alimentos, sin agua, en un ambiente sofocante.

Dos horas después, había llegado una orden de manos de un soldado nativo: debían partir hacia Agra. Nunca olvidaría aquella noche. En medio de la confusión, el príncipe había declarado no disponer de tropas para protegerlos, si bien podían dirigirse a su palacio. Poco después, el grupo era seguido por hordas de nativos que se alzaban como olas para luego replegarse en una enfebrecida marea. Repartidos en destartalados carros, mujeres y niños, habían sido conducidos hacia el palacio del marajá Scindia. El sol caía a plomo cuando fueron empujados hacia la azotea del edificio. La escena resultaba infernal. Niños llorando, madres desechas en un mar de lágrimas. Nada que les protegiera del calor. Sin fuerzas, sin esperanza. Ruth se había preguntado cuántas horas podrían sobrevivir en aquellas condiciones. La excitación en la ciudad era intensa. La gente se agolpada en torno al palacio o se encaramaba en los tejados para obtener una mejor visión. Pasaron aquel día y aquella miserable noche sin agua para lavarse o refrescarse.

A eso de las seis de la mañana, habían dejado el lugar con órdenes de regresar a Gwalior, donde hallaron la residencia tal y como la habían dejado. Los cipayos tampoco hicieron ademán de atacarlos. ¿Volvería la India alguna vez a ser un lugar seguro, un destino feliz para los británicos?

Varias horas después de haberse ocultado, Ruth se hallaba al límite de sus fuerzas. A pesar de haber caído la noche, el calor era extremo. Lo que hubiera dado por un baño o un vaso de agua... Tenía la boca seca y sentía la lengua como lija. Aferró el rifle de su marido imaginando la variedad de formas en que podrían acabar con sus vidas. Los cipayos eran expertos en rebanar pescuezos. Se decía que solo en Agra había tres mil «cortadores de gargantas» en la cárcel. Escuchó de nuevo voces de rebeldes gritando sus nombres. Entraron en el jardín y lo inspeccionaron en su busca. Podía ver el brillo de sus bayonetas. Algunos pasaron tan cerca que podía haberlos tocado. Gritaban y disparaban con furia. De pronto, el fiel Muza apareció para llevarlos a su propia vivienda. Les proporcionó ropa nativa y les ocultó junto con la señora Blake, que también se hallaba allí, sin apenas atreverse a respirar. Poco después los salvajes regresaron. *Feringhis, feringhis!* (¡ingleses, ingleses!), les oía gritar. Cuando entraron en la habitación, Ruth vio llegada su hora. Pero la estancia estaba tan oscura que no los descubrieron. Minutos después se les unió la señora Raikes, con su bebé y su *ayah*. El niño no paraba de llorar.

Eran las seis de la mañana y empezaba a amanecer, cuando dieron con ellos. Nunca olvidaría los rostros de aquellos diablos al levantar sus armas. En un último gesto de nobleza, Ruth alzó las manos gritando: «¡No vamos a morir aquí! ¡Dejadnos salir!». Todos salieron con las manos en alto. Uno de los hombres se acercó a ella hasta situarse a corta distancia de su rostro. Podía oler su aliento apestoso, la grasa de su pelo, el sudor que emanaba su cuerpo. Contemplándola con triunfo, le escupió sus palabras: «No vamos a matar a las mujeres, solo al hombre que las acompaña». Ruth miró a su esposo, sabía que era su último cruce de miradas.

Todo sucedió con gran rapidez. Tras ser rodeadas, dispararon a su esposo. A continuación, arrastraron a las mujeres de los pelos. Ruth comprendió que todo estaba perdido antes de desmayarse.

Despertó tirada en el suelo de una oscura habitación. La tristeza y la soledad eran tales que un pequeño ratón se deslizó hasta situarse cerca de ella, mirándola sin miedo, casi con piedad. La señora Campbell estaba con ella. Se alegró de verla. El cabello le colgaba en mechones. Llevaba un vestido nativo. El suyo se lo habían arrancado. La señora Kirke, con su bebé en brazos, también los acompañaba. Había presenciado la ejecución de su esposo y tenía la mirada perdida. En el último instante había gritado a los cipayos que acabaran también con su vida. Su respuesta había revelado su odio: matando a su marido la mataban a ella. Sus brazos y su rostro estaban magullados e hinchados. Le habían arrancado sus brazaletes y su anillo de casada del modo más salvaje.

Los rebeldes regresaron. Comenzaron a insultarlas mientras las sacaban a rastras. El infierno reinaba en la tierra. No había palabras para describir a aquellos diablos borrachos. Pertenecían al temido 4º Regimiento de Bengala. Se les veía fuera de sí. Eran los que montaban guardia en las carreteras. Los que disparaban contra todo aquel que intentaba huir. A la luz del día, Ruth reparó en el caos reinante en las calles. Soldados corriendo de un lado a otro cargados con el botín de sus saqueos. Reconoció algunas de sus pertenencias.

Trajeron a las esposas de los oficiales Gilbert y Procter. Esta última mostraba un pésimo estado tras haber presenciado también el asesinato de su marido. Cientos de hombres ebrios de ultraje rodearon al grupo. Algunos se acercaron tanto que apenas les dejaban respirar. Entre risotadas, gritaron: «¿Por qué no regresan a su país? ¡Váyanse de una vez!». Ruth se armó de valor y se acercó al que parecía mandar. Varios hombres la apuntaron con sus bayonetas. Mantuvo la mirada de aquel salvaje con una mezcla de odio y de furia. Intentando aplacar los latidos de su corazón, le hizo saber que aquellas mujeres querían ir a Agra. Él le escupió sus palabras: Agra estaba en llamas y todos los *feringhis* habían muerto. De pronto, sin razón alguna, las dejaron en paz. Cansados de insultarlas y de reírse, se alejaron para dormir la mona. El que se había acercado a Ruth regresó sobre sus pasos y señaló el carruaje de los Blake. Sin apartar la mirada de ella, le entregó un par de botellas de cerveza y una de agua. Luego desapareció.

La señora Kirke y su bebé, la señora Campbell y otras esposas de oficiales, hasta un total de nueve mujeres, dejaron Gwalior temiendo ser asaltadas en cualquier momento. Por suerte, el fiel Muza iba con ellas. Apiñadas en el carro, lloraban la pérdida de sus maridos. Lanzaban suspiros y entrecortados llantos con los que liberaban la tensión de las últimas horas. Ruth buscó en vano alguna plegaria con que consolarlas, pero ninguna oración acudía a su memoria. En medio de la humareda, distinguían a otras madres y niños custodiados por cipayos. Iban casi desnudos y el miedo atenazaba sus miradas. No podían hacer otra cosa que seguir, que poner a salvo sus vidas alejándose de allí. Dios parecía haberlas abandonado. La pena cegaba sus corazones, ninguna esperanza a la vista, solo pesadumbre.

Cerca del palacio de Lashkar, donde esperaban obtener la protección del marajá Scindia, masas de nativos se hicieron a un lado para abrirles paso. El palacio se hallaba custodiado por multitud de soldados. Algunos les gritaron de forma insolente que se fueran. El príncipe se negaba a recibirlas. Una anciana se acercó para confesarles que el noble las había visto desde el balcón. El hombre que meses atrás había mostrado tanta hospitalidad ahora las abandonaba a su suerte. Dejaron el lugar seguidas por una turba enardecida. Irían a Agra. Ruth lo decidió en aquel momento. Pondría a salvo su vida y la de aquellas mujeres y niños. Pero, sobre todo, pondría a salvo la vida que latía en su interior.

El hambre y la sed acechaban al grupo sin dar tregua. Todas permanecían inmóviles, algunas sosteniendo a sus bebés, otras contemplando sus manos vacías. Nueve mujeres solas, con niños, sin protección, sin alimentos, exhaustas y sin saber qué hacer. Ruth reparó en que algunas no tenían siquiera zapatos ni sombreros para protegerse del sol. La sensación de desamparo la oprimió como un mal sueño. Los dos bueyes apenas avanzaban y no podían hacer nada para ir más rápido. Estaban solo a pocas millas de Gwalior y aún eran audibles los disparos y los gritos. El polvo las envolvía en espesas nubes y el aire caliente abrasaba. El peligro aún estaba ahí. Atravesaron llanuras resecas sin una sombra que les confortara, a la vista de cualquier enemigo que quisiera alcanzarlas.

Horas después descansaban junto al camino, cuando llegaron unos jinetes armados. Muza logró convencerles de que al menos respetaran sus vidas hasta la mañana siguiente. Quizás se tratara de un recurso instintivo, pero aquella noche Ruth no pegó ojo. El que aquellos hombres hubieran acampado tan cerca representaba una clara amenaza. Todo era silencio, las mujeres dormían. Solo cabía alejarse de ellos a la menor oportunidad o hacerles frente con lo que tuvieran a mano. No podía dejar de espiar sus movimientos.

En un momento dado, los descubrió deslizándose empuñando sus espadas. A punto estuvo de gritar. Vio a Muza observándoles también. En dos zancadas logró interponerse entre ellas y aquellos hombres. El más alto le apartó de un golpe y registró las escasas pertenencias que llevaban. Aquellos rufianes eran sin duda tenaces. En un gesto incontrolado, Ruth tomó su anillo de casada y consiguió atarlo en torno a su cintura. Les escuchó hablar con Muza, al que encañonaban. La esposa de Blake y la señora Campbell, que hablaban indostaní con fluidez, se armaron de valor e intentaron disuadirles de su intención de asesinar al grupo, jurando que no poseían nada de valor. Algunas comenzaron a rezar y abrazar a sus niños. Por un instante, reinó un ambiente de despedida a la vida. La escena se prolongó durante minutos, que parecieron eternos. Era un combate desigual librado entre un puñado de madres indefensas y hombres desalmados. Cuando todó parecía ya perdido, la proverbial llegada de un pequeño destacamento de caballería logró detener la inminente carnicería. Formaban parte de la guardia personal del rajá y regresaban de una misión acompañando al mayor Macpherson. Lograron espantar a los malhechores con amenazas.

Las súplicas de la señora Campbell para que las acompañaran algunos hombres fueron inútiles. Si habían escoltado al mayor Macpherson, ¿por qué no las escoltaban a ellas? Todas les vieron partir dolidas por la impotencia.

La noche comenzaba a caer, cuando dieron con un alojamiento para viajeros. Allí se reunieron con otras tres mujeres. Una de ellas presentaba una fea herida en la garganta. Los empleados nativos insistieron en que se quedaran allí, asegurando que fuera podrían asesinarlas. Ruth desconfió. Era seguro que pensaban tenderles una emboscada. Estaba ansiosa por saber quién había podido escapar y tomó el libro de firmas. Figuraba el nombre del mayor Macpherson y, a continuación, la palabra «acompañantes». ¿Quiénes podían ser? Antes de descansar, escribió los nombres de sus compañeras. Quienes llegaran los verían. Luego devoraron algo de arroz, la primera comida desde el domingo por la noche; hacía dos días de eso.

Aquella noche apenas lograron dormir. Una multitud de nativos se había acercado hasta el bungaló y lo rodeaban agitando sus armas a través de las ventanas. Al amanecer, bajo las miradas reprobadoras de aquellos hombres, dejaron el refugio para ponerse de nuevo en camino. Ruth apenas podía andar. Ató un pañuelo en su pie herido y no volvió a pensar en ello. Debían partir cuanto antes.

Viajaban cubiertas con velos, intentado ocultar su cuerpo a lo largo de amplios páramos sin señales de vida. El aire, impregnado de malicia, inundaba la tierra con soplos apagados. Al anochecer, se detuvieron a las afueras de un poblado, donde les negaron el agua que pidieron. Algunos hombres se acercaron con antorchas mostrándose insolentes. La señora Campbell se cubrió cuanto pudo. Era una mujer hermosa. En Gwalior la llamaban «la Rosa de Gibraltar», por haber vivido allí con su padre. Habían cubierto cerca de 70 kilómetros desde su huida, más de la mitad del camino hasta Agra, y el grupo recobró cierta esperanza. Alcanzaron Dholpur, donde tuvieron el mismo recibimiento. Poco después cruzaron en una barcaza el río Chambal, donde estuvieron a punto de hundirse cuando algunos campesinos las atacaron. Prosiguieron a pie, seguidas por hombres que prorrumpían en gestos obscenos con grandes risotadas. Ruth nunca olvidaría su expresión.

Luego, de pronto, ocurrió. La salvación ofrecida por un jinete. Contemplaron atónitas la figura que se acercaba al galope. Algunas mujeres se deshicieron en llantos incontrolados. Se trataba de un soldado del destacamento de Campbell. Se hallaban a poca distancia de Agra, muy cerca de allí. Todas querían tocar su mano, algunas madres intentaron colocar en sus brazos a sus bebés. El miedo y la esperanza se fundían en las escenas. La esposa de Campbell le hizo entrega de una nota informando que estaban con vida y pidiendo ayuda. La mirada del soldado delataba el aspecto que debía de ofrecer el grupo. La mayoría llevaban retales de sus vestidos en la cabeza para protegerse del sol o anudados en los pies descalzos y ensangrentados.

Cuando reanudaron la marcha, una de ellas, la que peor aspecto presentaba, la señora Quick, cayó al suelo en un ataque de apoplejía. Su rostro se tornó negro. En apenas quince minutos había muerto. Qué injusto, pensó Ruth, haber sobrevivido a tantísimas penalidades para caer tan cerca de su salvación.

Al día siguiente, a media mañana, se reunían con el capitán Campbell, que no pudo evitar perder la compostura y correr al encuentro de todas ellas con los brazos abiertos. Aquella noche viajaron a través de las líneas enemigas evitando una emboscada. A eso de las seis de la mañana alcanzaban Agra. Habían dejado atrás a sus seres queridos, habían padecido, llorado, temido, pero habían logrado sobrevivir. Ruth se desplomó sobre su asiento como una muñeca de trapo. Engullida por un cansancio que nunca había conocido, se dejó llevar por unas manos piadosas que la sacaron del carro mientras se hundía en las tinieblas.

Agra era una ciudad recorrida por la incertidumbre y el miedo. La muerte y el silencio patrullaban por todas partes. Los ingleses mantenían aún cierto dominio sobre ella, pero el resentimiento de la población era palpable y los rebeldes la asediaban. Situada a orillas del río Yamuna, Agra había sido una villa sin especial valor, pero con los años había ido cobrando importancia para los sultanes mogoles que la eligieron como residencia. Sus murallas conservaban trazas de un pasado antiguo al igual que sus templos, ahora reducidos a escombros. Desordenadas dinastías habían recorrido sus calles que fueron dando refugio a ideales y conspiraciones. Bajo el reinado de emperadores como Bahur o Akbar, la ciudad había vivido su máximo esplendor. Más tarde, Shah Jahan puso el broche de oro levantando su excelso monumento al amor: el Taj Mahal, el mausoleo en el que embarcó a veinte mil trabajadores procedentes de toda India. Ahora, los restos de hermosos edificios: las tumbas de Chini Ka Rauza y de Mizra Ghiyas Beg, los jardines mogoles de Ram Bagh, los mausoleos y palacios, durante siglos a merced de la lluvia, del viento, del calor y de las guerras, seguían manteniendo la cabeza alta, pero mostraban recientes heridas de guerra.

Ruth no estaba para reparar en aquellos vestigios. La vida para ella sería un espacio en blanco durante mucho tiempo. Atrás quedaba la ciudad, la casa y el jardín donde había pasado los más felices y también los más miserables momentos de su vida. Pasaría un tiempo hasta que pudiera digerir aquello.

Durante los primeros días, pasó la mayor parte del tiempo en una habitación con una toalla húmeda en la cabeza. Todo parecía un mal sueño. No podía creer que lo que había ocurrido fuera real. Le palpitaban las sienes y le dolía el cuerpo. La extenuación la sumió en una apatía que la impedía hacer cualquier cosa. Tenía una palidez cenicienta y sus sentidos estaban abotargados. No le quedaba nada en el mundo, excepto lo que latía en sus entrañas. Se sentía agotada, pero ahora, más que nunca, tenía que luchar por vivir. Pese a todo, el cielo nunca le había parecido tan azul ni el mundo tan amable como en aquellos primeros días en la ciudad, tras haber visto la muerte tan de cerca. El capitán Stevenson había recibido al grupo de mujeres. Llorosas, sedientas, con la ropa hecha jirones, debían de haber ofrecido una imagen dantesca. Luego las habían acomodado en tiendas improvisadas en un jardín. En caso de alarma, podrían escapar. El peligro acechaba, pero al menos, de momento, estaban a salvo. Algunas residentes en el fuerte les enviaron prendas y alimentos. Resultaba imposible procurarse productos de primera necesidad. Ante el imprevisto desenlace de la contienda, los nativos habían cerrado sus comercios.

Ruth se sentía agradecida. Había vuelto a la vida y por primera vez en muchos días se veía segura. Dio gracias al cielo pidiendo perdón por su falta de fe. Días después, ella y sus compañeras fueron conducidas a unos cuarteles próximos al fuerte. Se trataba de un lugar vigilado y sus camastros se situaron sobre las terrazas. Los grillos, las ranas y los chacales componían una extraña sinfonía durante las noches, y las cucarachas, enormes y negras como el carbón, corrían a su antojo por todas partes. La temporada de lluvias había comenzado y las hojas empapadas en los árboles lindantes al porche dejaban caer un rocío de gotas sobre los colchones. Ruth jamás dormía más de unas pocas horas seguidas y en ocasiones debía correr con sus compañeras para ponerse a cubierto.

Las noches eran oscuras como pozos y a veces sorprendían a algunos nativos merodeando con sus antorchas por los alrededores. Un sistema de contraseñas proporcionaba cierta seguridad. Sin embargo, los centinelas, en su mayoría muy jóvenes, se mostraban inquietos. Una de aquellas noches, uno resultó malherido por un disparo. No se logró averiguar de dónde procedían los tiros ni dar con su autor.

Fue pasando el tiempo y las heridas cicatrizaron. Ruth recuperó el ánimo y el color. Trabó amistad con mujeres que le habían ayudado a instalarse. Salía para informarse de los últimos acontecimientos, pero luego regresaba a los cuarteles, donde permanecía confinada por motivos de seguridad. Una de las peores cosas era el calor opresivo junto con la humedad. El tiempo transcurría lánguido y monótono. La amenaza seguía ahí fuera y estaban en clara minoría. Nadie podía apostar por vivir un día más.

Empezó a correr el rumor de que una gran fuerza rebelde se estaba concentrando en torno a Agra y contra la cual poco podían hacer. También llegaron malas noticias sobre la vecina Lucknow. El ánimo decaía día a día. El mayor Macpherson le confió a Ruth detalles de lo ocurrido en algunas ciudades. El rajá había desfilado ante las tropas de cipayos como su rey. Qué extraña y contradictoria actitud de un príncipe que había evitado que muchas mujeres inglesas fueran asesinadas en Gwalior. Estando al tanto de los motines, había arrancado una promesa de respetar la vida de las mujeres. De ahí que no las hubieran asesinado cuando estaban a su merced. Supieron también del asesinato del hermano de la señora Blake en Shahjahanpur, donde se había desatado el motín mientras la gente estaba en la iglesia. Conocieron las masacres de Cawnpore, Jhansi, Delhi y Meerut. Aquello quedó grabado a fuego en el corazón de todos. Se alegraron en cambio al saber que algunos habían logrado escapar de Gwalior: durante los diez primeros minutos tras el toque de corneta, habían cruzado el río, después de lo cual fue emitida una orden de que cada mujer y niño de las ciudades vecinas a Agra intentara alcanzar el fuerte como fuera. Un destacamento fue enviado para protegerlas.

Al igual que Ruth días antes, los que llegaban daban por perdido lo dejado atrás. Un grupo había sobrevivido a una emboscada en Dholpur que casi acaba con sus vidas. Ruth barajaba los nombres de algunos de ellos. Los Murray, los Hennessy, los Pierson... El capitán Clarke había resultado herido y el teniente

Pierson, gracias a Dios, se había reunido con su esposa. Un regalo en aquellos días de terror. Los cipayos hacían puntería en las bancadas de los ríos y los puentes, por lo que la mayoría de los que habían logrado escapar conocía bien aquella parte del país. Ruth supo que la señora Hawkins había llegado a Agra con tres de sus hijos y la pequeña Charlotte Stuart, de seis años. Aquella mujer valiente había visto asesinar a su esposo, así como a dos de sus hijos, a la madre de la pequeña y a la niñera europea. Su padre había caído prisionero, herido, pero no de gravedad. Según algunos testigos, había preguntado a los rebeldes por su esposa. Al saber que había muerto, declaró que no sentía deseos de seguir viviendo. Los cipayos lo sacaron a rastras y le dispararon a bocajarro. Tanto él como su esposa se hallaban aún en la flor de la vida.

Las tres palabras que más se repetían aquellos días entre los refugiados eran las de «mantener la calma». El problema estaba en que nadie sabía dónde estaba esa «calma». Reorientar el pensamiento era una empresa difícil en tales condiciones. La idea de sucumbir a un inminente ataque resultaba aterradora, pero también lo era caer en el completo desánimo y, peor aún, en la locura. Todos sabían que la manera en que se defendieran marcaría la diferencia entre lo ocurrido en Cawnpore y la salvación. Las fuerzas de las que dependía su suerte estaban integradas por unos seiscientos soldados bajo el mando del teniente Greathed. También fueron reclutados civiles, a los que se adiestró para la batalla. Sabiendo que aún había alguna posibilidad de enviar correo, Ruth escribió la noche del 23 de junio a su padre y a su suegro narrando lo ocurrido. Más tarde, sabría que las suyas fueron las únicas cartas enviadas desde Agra en alcanzar Inglaterra.

A las cinco de la tarde del 29 de junio, ella y otras mujeres fueron enviadas al fuerte. Los buitres dominaban el cielo ofreciendo una imagen apocalíptica. Se cruzaron con otros carros repletos de mujeres y niños. Les aguardaba un largo e incierto asedio. Los cuarteles se hallaban a cierta distancia y tuvieron que atravesar el bazar atestado de nativos que gesticulaban profiriendo gritos. Todos se mostraban en un estado de gran excitación. Algunos, fieles a los ingleses, habían llegado a la ciudad para ponerse a salvo, pero la mayoría esperaba el momento de poder saquear cuanto pudieran.

Al descender una colina, pudieron contemplar el fuerte con su formidable entrada guardada por el III Regimiento de las fuerzas europeas. Ruth se aproximó embrujada por lo que veía, por la frenética actividad que rodeaba la muralla. La bandera británica aleteaba al viento. Aquella era la única posible isla de salvación en varios kilómetros a la redonda. El conjunto resultaba imponente. Albergaba una auténtica ciudad. En caso de ataque, resultaría difícil defender el extenso muro y las rampas. Cuando se aproximaron al puente levadizo, Ruth se irguió un poco y se atusó el pelo con majestuosa elegancia. El gesto confirió dignidad a su derrotada figura.

Debido a que no se admitían carruajes más allá del puente, descendieron del carro para cruzarlo a pie. Comerciantes y campesinos indios se habían sumado al corro de curiosos que atestaba la entrada con gritos y abucheos. Apenas se apartaron para cederles paso y, entre codazos y empujones, el grupo luchó por abrirse camino en dirección a las pesadas puertas de madera que pudieron traspasar. Lo habían logrado.

Cruzaron algunos patios y ascendieron empinadas escaleras hasta llegar a un otero asomado al paisaje. El río Yamuna discurría en la lejanía y el Taj Mahal brillaba con sus heridas de guerra. La primera imagen del futuro inmediato discurrió ante la mirada de Ruth. Seis largos meses le esperaban allí.

Construido en piedra de arenisca roja por el emperador mogol Akbar en el siglo XVI, el fuerte de Agra era una ciudad amurallada que encerraba en su interior palacios y viviendas señoriales de estilos diversos. Un profundo foso que se llenaba con las aguas del Yamuna rodeaba las murallas. El conjunto era una extraña amalgama de edificios, algunos para la defensa, otros para impresionar con las más extravagantes ideas del lujo oriental. Los pabellones, las torres, las terrazas con balaustradas, el palacio para la celebración de los *durbar*, el salón de Audiencias, el Khas Mahal con un bosque de columnas de mármol blanco, el zenana, los comercios y almacenes, las dependencias con mosaicos, la mezquita, los jardines y patios hacían de él una metrópoli siempre atestada de gente. Se decía, además, que tenía pasadizos bajo tierra que comunicaban con la ciudad. Los mayores emperadores habían residido y gobernado desde él. Con el tiempo, los nativos habían ido robando losas de mármol, maderas y piedras preciosas, elaborando con ellas tablas de ajedrez, cajitas de marquetería y bandejas. Muchas de aquellas piezas aún se vendían de estraperlo. Las revueltas ya habían dejado su huella en él. Las marcas de los asedios y los disparos de cañones eran visibles en casi todo el perímetro. Se trataba de una de las pocas plazas que poseían los ingleses en aquella parte de la India, y por ello «la llave de Indostán», como había sido bautizado el fuerte, era un puesto clave para sus intereses.

Al igual que otras mujeres, Ruth fue alojada en una zona apartada. Los niños, asustados y hambrientos, apenas contenían sus lamentos. Un soldado alto y enjuto les indicó donde alojarse. Después se alejó a grandes pasos. Aquel joven que tal vez no había cumplido la veintena tenía el aspecto derrotado de quien ha presenciado demasiadas atrocidades.

Llegó la noche. La luna se alzaba como un fantasma de plata en el infinito cielo. Las paredes tristes, los pocos y sombríos muebles, los rostros de las mujeres y niños eran una alegoría de la desazón. Un silencio absoluto se apoderó del lugar. Los únicos y ocasionales sonidos eran el del discurrir del agua en el foso y el ulular de los búhos. Ruth escuchó susurrar a algunos sirvientes indios alojados en la habitación contigua. Dominaba ya el suficiente indostaní para entender y supo que hablaban del motín en Gwalior. Uno de ellos daba detalles de cómo muchos ingleses habían sido asesinados o heridos. Hablaban del pobre padre, refiriéndose a él como «padre Sahib». Ruth supo que se referían a su esposo. Aquella noche, apenas logró conciliar el sueño.

La confusión de lenguas en el fuerte de Agra era tal que había días en que Ruth imaginaba lo que debió de ser la Torre de Babel. Casi seis mil personas se apiñaban en aquella ciudad amurallada. Cerca de dos mil eran europeos, la mitad hombres, la mitad mujeres, el resto nativos de diversas procedencias. Los soldados a veces empleaban las culatas de sus fusiles para abrirse paso. Los adultos se afanaban acarreando cubos de agua o provisiones. Los niños corrían jugando con chapas y botones perseguidos por sus madres. Emisarios y oficiales iban de un lado a otro con rostros preocupados. Ruth viajaba con la mirada. Se había sacudido el letargo y ahora se enfrentaba a sus dos grandes retos: su nueva vida y su salud junto con la del hijo que esperaba. La ansiedad por la suerte de los refugiados se había apoderado de todos y aumentaba con cada sonido de disparos o con la llegada de nuevos telegramas.

Muchas de aquellas noches, Ruth contemplaba las estrellas preguntándose cuántas mujeres en aquellos momentos estarían muriendo o luchando por sobrevivir. El corazón se le desbocaba entonces y afloraba toda la angustia reprimida durante su huida. Mantener el control era una lucha durísima, agotadora, pero se había prometido no mostrar desfallecimiento en público.

Después de algunos días sin apenas dormir, meditando sobre su suerte, decidió que si iba a permanecer allí por un tiempo no sería un lastre. Le atormentaba la idea de caer en la depresión y, aunque a primera vista había pocas cosas que pudiera hacer, se propuso averiguar hasta qué punto estaba equivocada. Aprovechando el frescor del amanecer, tomó la costumbre de ir a los puestos de vigilancia suministrando a los hombres algo de alimento y agua. Recorría los patios, pasadizos y estancias, la cocina y los almacenes, que acabó conociendo como la palma de su mano, viendo la forma de ser útil. Cada día traspasaban las puertas nuevos contingentes de refugiados y ella les ayudaba a buscar un sitio donde alojarse, les orientaba sobre el fuerte, les daba consuelo preguntándose cuántos habrían perdido a sus familiares. La destrucción de viviendas, de cuarteles, iglesias y escuelas estaba a la orden del día. Ruth odiaba aquel destrozo irracional, el miedo permanente y la sensación de vulnerabilidad. La confusión en el fuerte era enorme. Culis corriendo con bultos, amontonando enseres en las azoteas; niños llorando, jugando; soldados dando órdenes; mujeres vendando heridas, sacando agua de los pozos... Solo la noche traía el silencio, cuando la mayoría dormía.

La tarde del 4 de julio, se supo que se había rebelado el contingente de Kota, la hermosa ciudad del Rajastán a orillas del río Chambal. En total setecientos soldados amotinados. La noticia derrumbó el ánimo del fuerte. Parte del contingente avanzaba en dirección a Agra sembrando el caos.

Fue una sorpresa ver llegar un domingo por la mañana al doctor Christison, y una alegría para su esposa, que no le veía desde que este había dejado Gwalior con el regimiento. Algunos, como el capitán Alexander y el teniente Cockbum, no habían tenido tanta suerte. Aun así, el entusiasmo se apoderó de todos. La esperanza de salir de allí con vida se veía estimulada por escenas como aquella.

Al día siguiente, a eso de las once de la mañana, seiscientos cincuenta hombres del 3er Regimiento, un batallón de infantería y doscientos voluntarios de la caballería, partieron para enfrentarse a los rebeldes: una fuerza de siete mil hombres de infantería y mil quinientos de caballería. A las palabras de ánimo siguió un expectante silencio. Muchos dejarían tras de sí un reguero de viudas y de huérfanos. Cuando al caer la tarde se oyeron disparos cercanos, desoyendo las órdenes de los oficiales al mando, las mujeres treparon hasta la torre de Delhi, donde se izaba la bandera inglesa y la que ofrecía la mejor visión. Avistaron la llegada de los supervivientes a todo correr, perseguidos por la caballería enemiga. La confusión era terrible. Ante la inminente derrota inglesa, algunos nativos gritaban saltando de alegría: «*Sahib logue ke Raj hoguer. Sahib logue ke Raj hoguer!* ¡El gobierno británico se acaba! Cuando los ingleses lograron alcanzar el perímetro de seguridad del fuerte, salió un contingente para ayudar a los heridos con improvisadas camillas. Uno de los oficiales, un veterano que había librado incontables batallas, afirmó no haber vivido jamás una escena tan desgarradora como la producida frente a la puerta, donde las esposas preguntaban por la suerte de sus maridos, muchos de los cuales habían hallado la muerte o estaban heridos de gravedad. Una de las viudas era una joven que había contraído matrimonio pocos días atrás. Sería otra de las escenas que Ruth no olvidaría jamás.

Los días se sucedían y Ruth se iba habituando a la vida en aquel su nuevo hogar. Robaba algunas horas para recoger en un diario los principales sucesos. La vida ofrecía un marcado contraste cada día. El pesimismo y la esperanza aprendieron a convivir. La gente aprendió también a subsistir con lo justo. Se racionaba cada gramo de arroz y cada sorbo de agua. Se subsistía con escasas provisiones. La ropa se transformaba en vendajes y el té era un lujo del que se disfrutaba como jamás se hubiera hecho. Lo peor eran los niños y la vida que llevaban, confinados durante horas en sus habitaciones por seguridad. Aquello los deprimía y debilitaba. Además, acusaban más el calor, del agua rancia, de la comida escasa, sufriendo fiebres y erupciones. A través de las puertas y ventanas de los edificios, sus caritas asomaban sin comprender qué ocurría. Algunas tardes, cuando el aire refrescaba, salían hacia el gran patio central para desahogarse batallando entre ellos con espadas imaginarias, pensando que aquello era un juego. Otros, en cambio, arrastraban un trauma permanente y apenas hablaban. Por las noches no lograban dormir y si lo hacían se despertaban gritando aterrorizados pensando que los cipayos venían para matarlos.

El sacrificio y el trabajo regía la vida en el fuerte. El abastecimiento de agua era un problema, no solo para beber sino para asearse. Los soldados la extraían de un pozo por medio de grandes cubos atados a cuerdas. Su calidad y su sabor no era el mejor, pero al menos los mantenía hidratados y limpios. Salir del recinto suponía un riesgo, pero algunos valientes se aventuraban y traían agua fresca de los pozos vecinos. Otros aprendieron a elaborar una cerveza con hierbas y azúcar puestas a macerar. La enfermedad se convirtió en una amenaza y se implantó un sistema de vigilancia para detectar a tiempo cualquier síntoma.

La contribución más significativa de Ruth fue la de consolar a las mujeres, entretener a los niños y ayudar a los heridos. Privada de la protectora presencia de su esposo, estaba descubriendo una nueva faceta. La vida que le había tocado en suerte era cruel, pero, privada de toda ayuda, había aprendido a fortalecerse. Sus paseos cada amanecer la insuflaban de energía. Sentía, pensaba y aprendía a apreciar el valor de la vida. Resultaba difícil no caer aplastada por todo aquello, pero lo lograba y le gustaba sentirse fuerte y útil.

Algunas noches, el cielo se alumbraba con el brillo de las casas en llamas. Los gritos y disparos llenaban el aire. A veces alcanzaban a ver desde lo alto de la muralla a los cipayos corriendo de un lado a otro borrachos de entusiasmo. Prendían hogueras, saqueaban y destruían cuanto hallaban, asesinando incluso a los nativos que profesaban la religión católica. Muchos cargaban en barcas el producto de sus saqueos: muebles, cuadros, vajilla, que eran conducidos a través del río a sus poblados. Lo que no podían cargar era lanzado a las aguas. Meses después, algunos de aquellos objetos serían descubiertos en casas nativas por las tropas inglesas.

El calor era lo peor. El calor daba sed, agotaba y sobre todo enervaba. Las mujeres cocinaban, lavaban la ropa, fregaban los suelos, cargaban agua, cambiaban las vendas de los heridos... Las madres con niños a su cargo tenían doble trabajo. Era peligroso dejarlos solos escalando las murallas, asomándose a los pozos y no debían perderles de vista. Las lentejas y el arroz componían la base del alimento. Se decía que de este último tenían reservas como para afrontar diez meses de asedio. Ruth disfrutaba de los *chapatis* elaborados por un brigadier. Siempre conservaría el recuerdo de su sabor.

Los oficiales en ocasiones salían en busca de productos y alimentos, pero la devastación en la ciudad era tal que casi nunca traían algo útil. Nada había sobrevivido al saqueo, excepto las paredes carbonizadas de las casas y los restos de enseres destrozados y tirados en mitad de las calles.

El 20 de junio recibían noticias de la masacre en Cawnpore. Una sombra de dolor descendió hasta todos como una nube oscura. Algunos vieron en ello la imagen de lo que les aguardaba y varias mujeres profirieron desgarradores gritos de terror. Luego supieron lo ocurrido en Segowlee, donde los amotinados habían asesinado al comandante jefe, a su mujer y a su bebé. El doctor asignado a aquella ciudad, su mujer y su hijo habían muerto en el incendio de su bungaló. Aquel joven era primo de uno de los oficiales del fuerte de Agra, que, tras haber perdido a su mujer y a sus hijos, deambulaba por las dependencias pálido y callado, como un espectro.

Ruth se negaba a creer que fuera a caer en la trampa de la que había logrado escapar, pero la noticia de Cawnpore pesaba sobre todos la llegada de la lista con los nombres de las víctimas fue un mazazo.

Si mayo y junio habían sido duros, julio fue una pesadilla. Rezaban cada día por ser bendecidos por las lluvias, y cuando estas llegaban, la sensación húmeda y sofocante en el aire resultaba opresiva. El cólera era una amenaza. Ruth comprendió el famoso dicho de que India era un país donde uno se levantaba por la mañana sin saber si seguiría con vida al llegar la noche.

El primer caso se desató el domingo día 12. El capitán Burton, del contingente de Gwalior, estaba hablando con algunas mujeres sobre su esposa, de la que no tenía noticias. [1]

Al cabo de un rato, con el rostro pálido, anunció que se retiraba a descansar; estaba agotado por el trabajo de las últimas noches. Al tener empapadas sus ropas, una de las mujeres le sugirió que antes se cambiara, a lo que él replicó: «Lo haría si tuviera algo con lo que hacerlo». Al mediodía oyeron que se encontraba muy enfermo y antes del ocaso supieron que tenía cólera. Los doctores hicieron lo posible por salvarle y, puesto que su cuartel era un lugar húmedo, lo llevaron a un recinto más seco, pero resultó inútil. Murió a media noche y su cuerpo fue quemado con las primeras luces.

Aquellos días se producían violentas tormentas acompañadas de fuertes truenos, sobre todo a media noche o al despuntar el alba. Se anunciaban con una avanzadilla brillante que iluminaba el mármol blanco de los palacios. Las paredes adquirían la apariencia de un gran osario. Luego las tinieblas volvían a cubrirlo todo. No se escuchaba nada entonces, excepto el repiqueteo de la lluvia y los torrentes de agua discurriendo por todas partes, con ese peculiar sonido que acompaña a las tormentas tropicales.

La seguridad pasó a ser una obsesión. Se estableció un sistema de «pases» que eran entregados a los sirvientes que salían para hacer recados. Ninguno podía entrar sin aquel documento.

---

1. Ella lograría escapar de la ciudad de Guna con otros fugitivos.

La carencia de ropas era otro problema. Algunos traían prendas conseguidas en la ciudad que se lavaban de inmediato. A veces los nativos se mostraban insolentes y Ruth recordó las escenas en su casa días antes de la revuelta. Muchos esperaban el momento en que un gran contingente de cipayos marchara sobre Agra acabando con los refugiados. Los europeos comenzaron a temer ser asesinados por sus propios criados. El ambiente se pobló de sospechas. Creció la desconfianza y se implantó la ley marcial. Descubrieron que uno de los panaderos nativos había planeado envenenar todo el pan. Fue colgado sin dilación. Temían que hubiera envenenado los pozos. Un grupo de nativos desenterraron unos cadáveres y los expusieron un domingo en la iglesia, justo antes del oficio. En otras iglesias del exterior, otros se subieron a los púlpitos lanzando discursos sobre el inminente exterminio de *los feringhis*.

Llegaban rumores sobre la delicada situación de Delhi. Desde el 8 de junio, cien oficiales y mil civiles habían fallecido. Llegaban también noticias de Inglaterra, donde, en vez de enviar tropas de inmediato, se debatían en el Parlamento las posibles causas del motín, con la consiguiente pérdida de vidas humanas. Se preguntaban cuánto tardaría en llegar la ayuda y si lo haría demasiado tarde. No se equivocaban. La 7ª División de Fusileros, que había zarpado en junio, no alcanzaría Karachi hasta diciembre, cuando Ruth y otros ingleses se estuvieran marchando de India.

La vida tenía también sus sorpresas agradables. Cada vez que algunos indios se aventuraban hasta allí para vender huevos, mantequilla, aves o fruta, aquellos productos eran recibidos como maná. Ruth seguía con la rutina que se había autoimpuesto. Se levantaba antes del amanecer y paseaba por las garitas ofreciendo ayuda a los centinelas. Luego regresaba para disfrutar del exiguo desayuno: un té y un *chapati*. En ocasiones, se sentaba a escribir o subía a una torre para perder la sensación de claustrofobia.

Veía a algunas familias nativas solazándose en el río. Las mujeres lavando ropa, los niños jugando, los hombres recitando sus plegarias, tal vez, pensó, por la aniquilación de los que se hallaban en el fuerte. También podía contemplar a los soldados en el gran patio, donde estaba el puesto de vigilancia. Algunos eran apenas unos niños. Más tarde, cuando el sol estaba en el cenit, se iba al Palacio de Mármol, donde cosía, preparaba vendas o ayudaba a las mujeres con sus niños. Por la tarde, cargaba agua o visitaba a los heridos. El momento de la cena, el único en el que se tomaba algo consistente, era esperado por todos con auténtica expectación. Cualquier plato, por sencillo que fuera, sabía a gloria. A continuación, Ruth se sumaba a las reuniones donde se leían las últimas noticias. Así conoció la muerte de sir Henry Lawrence, el valiente defensor de Lucknow. Cuando no podía dormir, se encaminaba hacia el gran telescopio rescatado del colegio de Agra y contemplaba la cruz del sur y otras constelaciones del hemisferio sur. En momentos como aquellos, le gustaba pensar que era uno de aquellos astros brillando muy lejos de donde se hallaba.

Cada día vivido era una victoria ganada. Se obviaban detalles estratégicos en las cartas, pues sabían que los nativos abrían la correspondencia, pero la picaresca estaba a la orden del día. Colvin, por ejemplo, gobernador de Agra y de las Provincias del Noroeste, escribía en griego, en hebreo o en lenguaje cifrado a Calcuta pidiendo ayuda urgente. La situación era desesperada. Al menos doce mil rebeldes los tenían rodeados. Por medio de la imaginación y el sabotaje, se halló la forma de interceptar el correo enemigo. Aquello fue crucial para prevenir algunas matanzas.

El otoño trajo brisas que ayudaron a soportar el confinamiento. Una armonía renovada pareció instalarse en el fuerte, que dejó de parecer una gran celda carcelaria. Algunos, incluso, se animaron a celebrar pequeñas fiestas en el arsenal. Al carecer de un calendario, la mayoría había perdido la cuenta del día en que vivían, excepto cuando algunas familias baptistas celebraban sus ritos cada domingo y cada viernes.

A mediados de septiembre, Ruth dio a luz un precioso niño. Aquel día las estrellas le parecieron más familiares y la vida más hermosa. Las mujeres se volcaron en ayudarla. Algunas traían ropas de sus bebés, otras agua de colonia o mantitas. El mayor Macpherson, incluso, envió una partida de hombres para buscar en las villas nativas una nodriza para alimentarlo. No hubo un oficial más detallista y atento que Campbell, que siempre la visitaba trayendo un pequeño lujo, como jabón. Se dispuso un gran barril de cerveza vacío para que Ruth pudiera disfrutar de vez en cuando de un baño. En aquellas ocasiones, se sentía volar. La señora Cameron se quedó con ella para cuidarla y atender al bebé. Aquella joven irlandesa de inmenso corazón aliviaba el tedio con entretenidas historias. No sabía leer y Ruth lo hacía para ella, poniéndola al día de las noticias que llegaban. A partir de entonces, su amistad jamás desfalleció.

Una de aquellas tardes, Ruth leyó un informe relativo al holocausto vivido en Cawnpore. Algunos soldados ingleses habían jurado matar un cipayo por cada cabello de los europeos caídos. Sus ojos claros se cerraron en un gesto de preocupación. La esposa de un soldado que la visitó afirmó que los cipayos eran auténticos diablos. «Creo que resulta un mal cumplido para el diablo que lo comparen con los cipayos», contestó la señora Cameron con aplomo. Aquella mujer, sin duda, resumía el terror de aquel fatídico año.

No siempre llegaban noticias desafortunadas. Al conocer la nueva victoria de Havelock en Cawnpore, de la expectación se pasó al alborozo y un curioso ronroneo de satisfacción se extendió por toda la fortaleza. Aquello coincidió con la decisión de disponer de un lugar más cómodo y ventilado para Ruth. Se eligió un templete del gran patio próximo al palacio de mármol. Allí, como una flor trasplantada, pasaría horas contemplando los pequeños nichos en los que, al caer la tarde, colocaba lamparillas de aceite para iluminarlo. Desde una de las ventanas tenía una preciosa vista del río y también del camino que conducía al Taj Mahal, por el que algunos ingleses se aventuraban en busca de productos aun a riesgo de ser alcanzados por el disparo de un francotirador.

Uno de aquellos días, vio a una nativa golpeando a un niño de forma horrible. El pequeño, sin duda hijo suyo, tendría un año de edad. Ella le pegaba al principio con las manos, luego con una vara, hasta que lo tiró con fuerza contra el suelo, donde le propinó grandes patadas. La criatura no paraba de gritar y de llorar, y Ruth se sintió impotente por no poder evitarlo. Se hizo de noche y no pudo ver nada más, pero a la mañana siguiente descubrió al niño tendido en el suelo. Su padre intentaba meter algo en su pequeña garganta mientras la madre dormía plácidamente. Tras varias convulsiones, el niño murió. Poco después, el padre regresó con una pieza de algodón con la que envolvió el cuerpo. Cavó un hoyo con una espada y depositó allí sus restos. La madre, mientras tanto, contempló impasible la escena y, a continuación, siguió durmiendo. ¿Cómo no iban a poder cometer atrocidades contra los ingleses aquellas personas capaces de hacer aquello con sus propios hijos?

Las escaramuzas proseguían con frecuentes salidas contra los rebeldes. Desde la torre del fuerte, Ruth podía ver el humo en el cielo y las llamas en las aldeas que las tropas inglesas incendiaban. Los nativos ofrecían una fiera resistencia y muchos de ellos, incluidas mujeres, caían muertos en las refriegas. Otros, declarados cómplices de los crímenes, eran colgados. Pero, por lo general, el fruto de aquellas salidas tenía un sabor amargo, con varias bajas entre las filas británicas.

Todo el norte se hallaba en estado de alerta. Resultaba casi imposible aventurarse por los caminos sin exponerse a un peligro.

Ruth se sentía como un ave que hubiera perdido las alas. Echaba en falta la libertad, poder sobrevolar en círculo cuanto se le antojara. ¿Qué hacía el virrey mientras aquello ocurría?, ¿qué se estaba haciendo para ayudarles?

A mediados de septiembre, el gobernador John Russell murió. Su salud desde su entrada en el fuerte había decaído. Aquello supuso un jarro de agua fría. Había trabajado duro para defender la ciudad. Sus restos fueron enterrados en uno de los patios una mañana marcada por la niebla y por el eco de las salvas disparadas en su honor. Muchos se preguntaron cuántos acabarían enterrados entre aquellas murallas.

Cuando un día de finales de mes la señora Innes la invitó a dar un paseo fuera de los recintos del fuerte, Ruth no ocultó su entusiasmo. Se vistió, dejó al bebé al cuidado de una amiga y partió hacia el jardín del palacio donde otros se disponían a pasear al otro lado de la «Delhi Gate». La entrada a la muralla estaba atestada de nativos que vendían productos, burros cargados con tinas de agua, culis con cestas repletas de arena para la fortificación, tullidos, mendigos... Al traspasar las puertas, Ruth subió al pequeño coche de caballos que aguardaba. Cuando el conductor le preguntó hacia dónde le gustaría ir, ella, sin dudarlo, contestó que hacia el camino que conducía al Taj Mahal. Jamás olvidaría aquella escapada. Se sintió en un sueño. Notaba el aire fresco en su rostro por vez primera en cuatro meses. El río, con sus orillas salpicadas por barcas de colores, las llanuras reverdecidas como símbolo de prometedora fertilidad... Contemplaba todo con ojos nuevos y agradecidos. Sentía el corazón latir con ánimo renovado. Reía con el rostro iluminado, embelesada con cada escena. Dejaron atrás una colina donde unos hombres reparaban unas ruinas. Bajo la sombra de unos árboles, una familia se deleitaba con unas frutas. La brisa portaba multitud de aromas de pastos, de agua, de vida... Luego contempló el Taj Mahal, con su presencia imponente, solemne, a pesar de sus heridas. Qué contrastes, pensó. El amor eterno, la vida y la muerte resumidos en un palacio, en un país, en un momento inolvidable de su vida. Todo unido, ensamblado, armónico. Nunca entendería la India. Resultaba demasiado impredecible para su mentalidad inglesa, pero se sentía conectada a aquel país. Cuando regresó al fuerte, decidió que publicaría su diario con todo lo vivido.

Resultaba curioso cómo aquellas gentes con las que compartía el cautiverio, pese a la situación, trataban de hacer un hogar de sus temporales alcobas. Algunas alfombras, un cuadro, una mesa o una silla rescatada del saqueo les hacían sentirse seguros, protegidos. Ella, en cambio, prefería proyectarse en su bebé, su única familia en la India, lo único que le anclaba con la vida. Todo aquel tiempo habían seguido la suerte de Delhi, aventurando que en caso de no recuperarla tendrían que permanecer en el fuerte durante un año. Así que cuando llegaron noticias de que el 21 de septiembre, tras la batalla librada plaza a plaza, bastión tras bastión, los ingleses, con enormes bajas entre sus filas, habían logrado recuperar la ciudad, los gritos de júbilo pudieron oírse a varios kilómetros a la redonda. Aquel día, cincuenta salvas celebraron la noticia. Tal vez a causa de ello, uno de los jóvenes oficiales, el teniente Pond, de la 3ª División de Infantería, se animó a contraer matrimonio con la hija de otro oficial. La vida, con renovada esperanza, se abría paso entre la muerte.

En aquella ciudad en la que el destino de miles de personas pendía cada día de un hilo, algunos aventuraban la pronta victoria con la llegada de la columna que había dejado Delhi para dirigirse a Calcuta vía Agra. De ser así, sería un preludio del fin de aquella pesadilla. Otros, en cambio, fruncían el entrecejo con dudas. Las noticias abrían compuertas diferentes. Un día, se sabía de la muerte de seiscientos ingleses durante la toma de Delhi y la gente caía en un pozo de tristeza. Otro, la imagen de la Union Jack ondeando en las ciudades recuperadas les llenaba de esperanza. Al ser avisados de que un destacamento de catorce mil rebeldes se dirigía a Agra desde Indore, se llevaron a cabo preparativos como la excavación de un gran zulo a prueba de proyectiles, donde, en caso de producirse el sitio, las mujeres y los niños hallarían refugio. Ruth sospechaba que tras aquel plan estaba la decisión de volar con pólvora aquella posición para evitar que las mujeres cayeran en manos rebeldes. Las armas se pusieron a punto y se duplicó el número de centinelas. Desde su palacete, Ruth podía escuchar cada noche las voces de los oficiales de guardia dando órdenes. Sentía que el corazón se le iba a salir por la boca.

A principios de octubre, los cipayos se hallaban a dos kilómetros de la ciudad. Se enviaron mensajes urgentes pidiendo ayuda al teniente Greathed -uno de los héroes de Delhi que avanzaba a marchas forzadas con sus tropas-. Pasaron días sin recibir noticias y todos se prepararon para el inminente ataque. El 10 de octubre, con las primeras luces del día, los alrededores del fuerte se llenaron del sonido de disparos y toques de cornetas. El aire olía a pólvora y se podía sentir la excitación de la batalla en todas partes. La niebla cubría aún los campos, pero los que lograron encaramarse a los miradores, incluida Ruth, pudieron distinguir el espectáculo de los soldados ingleses cruzando uno de los puentes en ordenada formación. Quienes contemplaban la escena no pudieron contener las lágrimas. La columna, integrada por la 9ª División de Lanceros, la 8ª de Infantería, dos tropas de Artillería, dos Cuerpos de Zapadores y Mineros, una Batería de Campo, más de cien hombres de la Caballería del Punjab y doscientos jinetes de diversos batallones componían un inolvidable espectáculo de tres mil hombres.

Cuando el sol estuvo en el cenit, pudieron apreciar en el brillo de las bayonetas un presagio de la victoria. La gigantesca columna era seguida por camellos, elefantes y carros portando material militar y heridos. A medida que se aproximaban, Ruth pudo verlos con detalle. La mayoría de los hombres parecían demacrados, desgastados por la larga y cruenta campaña. Algunos eran adolescentes y sus uniformes estaban maltrechos y cubiertos de sangre. Iban vestidos de color caqui, sustituyendo el escarlata y blanco que los convertía en blanco fácil. Cuando pasaron bajo las murallas, recibieron una atronadora ovación.

Aquellos días, durante las cenas ofrecidas a los oficiales recién llegados, se conocieron detalles de algunas escaramuzas y los nombres de algunos caídos. Unos cuantos eran conocidos y familiares de los presentes.

Las últimas semanas de otoño trajeron importantes victorias. Se logró vencer a mil cipayos que huyeron a pie dejando armas y caballos demasiado cansados o heridos. Los campos se llenaron de cuerpos y los buitres oscurecieron el cielo. Muchos de los que luchaban con las tropas inglesas eran sijs, cuya ojeriza hacia los cipayos les llevaba a cometer auténticas perrerías. Algunos llegaban al fuerte con sus prisioneros para colgarlos o degollarlos allí. Greathed partió dejando cerca de doscientos de ellos, valientes pero salvajes y sucios. Llevaban espadas de curiosas formas y cubrían el pelo con tocados que les conferían un aspecto aún más fiero. Se mostraban molestos al no tener autorización para saquear Agra, una ciudad rica que aún conservaba bienes preciados. Solían reunirse en el Diwan-i-Am, el salón de audiencias antes de ajusticiar a sus prisioneros fusilándolos en los patios. Algunos reos incluso, atados a las bocas de los cañones, resultaban despedazados. La muerte por ese procedimiento era el peor castigo. Para los musulmanes porque su cuerpo debía ser enterrado, y para los hindúes porque creían que no podrían alcanzar la salvación hasta que su cuerpo fuera quemado. Unos cuantos mostraban valor y orgullo antes de ser ejecutados. Uno de ellos, al ser preguntado sobre las razones que le habían llevado a asesinar a mujeres y niños, contestó: «Cuando matas a una serpiente, matas también a sus crías».

Ciertos días, llegaban, como un goteo, sirvientes de ciudades como Gwalior, la mayoría demacrados, quejándose del trato recibido por los cipayos. Una de las peores cosas era la visión de los perros pertenecientes a algunas familias atrincheradas. No se sabía cómo habían logrado seguir su rastro. La imagen de aquellos fieles animales en los huesos, con profundas heridas, cojos, tuertos, arrancaba berrinches entre los niños y mujeres que los reconocían.

Conforme el invierno se aproximaba, la tensión se fue diluyendo. Algunos oficiales se aventuraron a partir con sus familias a destinos como Delhi o Bombay. La aventura comportaba grandes riesgos. Noviembre se saldó con numerosas razias. La sed de venganza cegaba a los europeos. Una de aquellas partidas se tomó revancha del asesinato del hermano del capitán Clarke, un joven oficial del fuerte. Mataron a gran número de rebeldes y se hicieron con prisioneros a los que, a golpe de bayoneta, se obligó a limpiar la iglesia. Los que se negaron fueron colgados sin dilación.

Se supo de la muerte de Havelock, que había dirigido la toma de Cawnpore y a quien Ruth conocía de Gwalior. Debido a sus logros, el Parlamento británico votó la concesión de una pensión anual de mil libras para su viuda y su hijo. Aun así, el fuerte celebró el feliz desenlace de aquel asedio que se había afrontado durante meses con heroicidad.

A principios de diciembre supieron que una columna había dejado Delhi para dirigirse a Calcuta. Quienes quisieran podrían acompañarles. La marcha representaba 80 kilómetros y deberían viajar en carros y dormir en tiendas o al raso. No se garantizaba su seguridad. Aún había amotinados por todo el territorio. Después de los preparativos de algunos, se supo que la columna había participado en una cruenta batalla con la pérdida del oficial al mando y de muchos de sus hombres. Las ilusiones de dejar el fuerte se esfumaron tan pronto como se habían producido.

Un día, los soldados recuperados de sus heridas, decidieron celebrar una fiesta en el Taj Mahal en honor de las mujeres que los habían atendido. El grupo de enfermeras, Ruth incluida, aceptaron la invitación. Ese día, la calle estaba repleta de carros y el río atestado de barcas, todas moviéndose en dirección al Taj Mahal. Era la escena más hermosa que Ruth hubiera visto en mucho tiempo. En una de las mezquitas del palacio, brindaron por el final de aquel aciago año bajo la mirada de los nativos que ocultaban su odio. Aquellos infieles, además, profanaban un lugar sagrado. La mezquita había sido engalanada con flores y las mujeres caminaban entre los soldados con palabras de felicitación por su recuperación. Un apuesto oficial del 9º Regimiento de Lanceros se acercó hasta Ruth con una copa de ponche. Ella la aceptó encantada. Conversó con él sobre la inminente partida de algunas familias. La vida seguía su curso. Desde su huida, sus actos habían girado en torno a los demás. Había ayudado de mil formas diferentes. Tal vez por ello había una tristeza en su mirada, un cansancio que la envejecía. Se sintió mayor y también, por qué no admitirlo, sola. Aquel edificio había sido inspirado por una historia de amor. Un amor que la revuelta le había arrebatado a ella ante sus propios ojos. Debía acostumbrarse a una vida sin vida en común, como madre y como viuda. Los recuerdos dinamitaron su ánimo. Se vio como un soldado herido en retirada. Pero al menos tenía un hijo, algo por lo que luchar. Nada iba a estropear aquel sentimiento y, desde luego, nada iba a restarle sus ganas de vivir. Fue al final de aquella celebración cuando vio llegado el momento de pasar página. Se iría del fuerte, dejaría la India y regresaría a casa.

Ruth llevaba tiempo pensando en reunirse con una tía que vivía en Simla. Luego, podría embarcar hacia Inglaterra. Se acercaba un año nuevo y quería estrenarlo dejando atrás aquella pesadilla. El teniente Fitzgerald viajaría con ella y con otras familias que también partían. Entre ellas, la señora Blake y la señora Proctor, con quienes tantos momentos difíciles había compartido.

Los siguientes días pasaron volando con los preparativos. Convenció a su nodriza para que la acompañara. Todos los refugiados contaban con la ayuda del gobierno hasta que pudieran disponer de recursos. Ruth aprovechó para realizar algunas compras antes de partir. El último día recorrió el fuerte para despedirse de aquellos que habían compartido su suerte, que habían sido su familia y compañeros de fatigas. Algunos le hicieron entrega de prendas y alimentos para el viaje: almohadas, ropa, agua y productos para el niño. El último del que se despidió fue el fiel Muza. Sin él no habría alcanzado Agra. Se sintió herida al ver la ridícula compensación que el gobierno había acordado otorgarle por su ayuda: veinticinco libras. Sin duda, había perdido mucho más al dejar su ciudad. Tanto ella como algunas de las mujeres, le hicieron entrega de pequeñas joyas por su fidelidad. Aquella noche, Ruth cenó con algunos de los que partían, así como con el capitán Campbell, quien aportó, para gran sorpresa de todos, unas botellas de champán. Ruth no cabía en sí de júbilo pensando además en que al día siguiente abandonaría los muros que habían hecho las veces de refugio y prisión durante más de medio año.

El 12 de diciembre, con las primeras luces del día, Ruth Coopland dejaba el fuerte de Agra con su bebé. La niebla vespertina cubría aún los campos y la luna despedía sus últimos destellos cuando traspasó la puerta de Delhi seguida por los amigos que habían acudido a despedirla. Fitzgerald iba fuertemente armado. Atrás quedaba Agra y, con ella, muchas personas que no volvería a ver. En su interior se produjo una ruptura. La experiencia de Gwalior, luego el duro camino hacia Agra y más tarde su vida en el fuerte. Aquello se erigió en símbolo de su estancia en la India y sobre todo en símbolo de una vida que moría. Ahora tenía que plantearse de qué forma iba a vivir, en compañía de quién, con ayuda de quién. Quienes la acompañaban habían padecido como ella y habían afrontado su suerte con dignidad. Todos eran supervivientes y, a su manera, héroes y cómplices. Habían compartido su destino y la convivencia había restado miseria a su soledad.

Ya en ruta, no tardaron en descubrir los tristes signos de la guerra: casas destruidas, espirales de humaredas, árboles derribados, esqueletos de animales... Se dirigían a Aligarh, a 100 kilómetros de distancia y habían enviado telegramas para saber si el camino era seguro. Pese a los informes positivos, el grupo no podía evitar sentirse en peligro. Cualquier indicio de vida les alarmaba. Se cruzaron con algunos nativos que les observaron con resentimiento. También con patrullas inglesas que les infundieron seguridad. Alcanzaron Aligarh ya de noche. Para Ruth aquel fue un día glorioso. ¿Qué ciudad no hubiera podido satisfacer sus expectativas en aquel primer día de libertad? Las casas quemadas, las calles semivacías, las teas ardientes en los puestos militares, los cautelosos soldados haciendo su ronda nocturna parecían latir con desgana, pero a ella no le importó. Estrechó a su hijo contra su pecho y respiró satisfecha.

La ciudad se hallaba bajo el mando del capitán Murray, quien acudió corriendo al encuentro del grupo. El fuerte resultó el lugar más miserable, triste y desolado que Ruth hubiera conocido, pero parecía resistente. Se acomodaron al cobijo de unas tiendas y agradecieron la hospitalidad tras la dura jornada.

Aquella noche devoraron la cena como si llevaran días sin probar bocado. Luego se retiraron. La noche estaba fresca, pero lo afrontaron con ayuda de unas mantas y del calor de sus compañeros de acampada. Antes de dormir, escucharon noticias sobre las batallas que aún se libraban. Se habían apoderado de quince cañones en manos enemigas y habían ajusticiado a numerosos cipayos, pero los caminos aún eran inseguros. Pese a los intentos de Murray por disuadirlos de proseguir el viaje, el grupo estaba decidido a alcanzar Meerut, a unos 140 kilómetros al norte. Al día siguiente, el capitán no tuvo más remedio que dejarlos marchar y les brindó una escolta armada con espadas.

Meerut había sido la segunda ciudad elegida para la rebelión. Pese a ello, la ciudad se hallaba en calma. Parecía mentira que, en aquellas mismas calles, meses antes se hubieran producido los horribles sucesos que segaron la vida de cientos de ingleses. El sol y la brisa de diciembre infundían al lugar un aspecto inofensivo. Nadie debería sentirse triste en un día tan hermoso, pensó Ruth. En ocasiones, uno intenta firmar un armisticio con el pasado y aquel día ella estaba dispuesta a hacerlo. Contempló cuanto la rodeaba. Los arbustos coronados por flores lanzaban un mensaje de esperanza. Las casas de barro casi derrumbadas y hasta las calles repletas de trastos inservibles mostraban serenidad. Meerut respiraba paz pese a todo y Ruth se sintió en el corazón de un volcán que se hubiera extinguido.

Aquella noche se alojaron en un modesto establecimiento. El hombre que lo regentaba les narró historias sobre la revuelta, pero Ruth reservó sus sentidos al disfrute de su habitación, al lujo de dormir entre sábanas limpias por vez primera en mucho tiempo. Después de desvestirse se derrumbó en el lecho. No habían transcurrido ni dos minutos, cuando cayó desmayada.

Contemplando el paisaje a bordo del carruaje que les conducía a Delhi, Ruth meditaba sobre lo efímero de los grandes imperios. Los hombres desaparecen, pensó, pero las ciudades sobreviven a ellos y a sus absurdas guerras. Meditaba sobre el largo recorrido que le esperaba hasta Simla. Un viaje a través de tortuosos caminos, con el frío de la noche acechando o el posible asalto de rebeldes. Una serie de curvas, subidas y bajadas, aligeraba el paisaje. Meses antes, aquella carretera había sido recorrida por hombres miserables. Ahora recobraba su dignidad, aunque algunos árboles caídos semejaban barcos a la deriva. Algunos burros y un pequeño grupo de camellos animaban el desierto panorama. A lo lejos, las murallas de Delhi parecían contemplarles con ojos antiguos e interrogantes.

Delhi palpitaba con desazón. Nunca había contemplado Ruth un lugar tan bello y a la vez tan descorazonador. La melancolía envolvía cada piedra y hasta las voces de sus compañeros se amortiguaron en susurros cuando se acercaron a uno de los puentes que conducían a la ciudad.

Debió de haber sido desde antiguo un lugar tocado por el destino. Enamoró a sabios, astrónomos, poetas, sultanes y reyes, algunos de los cuales dejaron en el *Mahabhárata,* tres mil años atrás, testimonio de su existencia. La magia de los agonizantes vestigios habitaba su alma. Devastada, conquistada, amada, olvidada y rescatada del olvido, ahí estaba Delhi, viva, aunque malherida. Los palacios mogoles, el rosa en las murallas del Fuerte Rojo, el sólido granito en los ocho kilómetros de paramentos exteriores, las cúpulas y minaretes, el brillo de la mezquita Jama Masjid, los jardines reverdeciendo de plantas aromáticas, el prodigio de cisternas y el amasijo de arcos, patios y columnas hablaban de los hombres olvidados con inquietante grandeza. Sin duda, pensó Ruth, Delhi, al igual que ella, amaba demasiado la vida a pesar de las lesiones sufridas.

Sortearon algunas partidas de soldados armados. Pagaron el peaje del puente a un anciano que recibió sus monedas con gesto de pocos amigos. Al grupo le resultó extraño encontrarle allí, ya que todos los nativos habían sido excluidos del servicio público. Cruzaron la puerta de Calcuta en silencio. Espesas nubes de moscas, atraídas por los dulces que vendían en un puesto, despedían un siniestro zumbido. Estaban en la «ciudad de los horrores». Muchos edificios habían sido el cadalso de miles de desafortunados allí caídos.

Se internaron en Chandni Chowk, la avenida principal. Una desordenada multitud deambulaba entre bueyes y ovejas.

Algunos cuidaban sus comercios sentados sobre pequeñas esteras. Sus puestos volvían a mostrar chales bordados, abalorios, cajas de nácar y cuencos con especias. La calle constituía el bazar y resultaba mucho más oriental en su aspecto que cualquiera que hubiera conocido Ruth. Las casas eran altas y pintorescas, algunas encaladas, otras adornadas con pinturas de elefantes, camellos y estrellas: Soldados, orgullosos sijs y *gurkas* de aspecto salvaje pululaban por allí. Jóvenes nativas envueltas en coloridas sedas alegraban la avenida con su ir y venir. El cielo del atardecer y el aroma de los árboles frutales infundían paz, pese a los dos cadalsos plantados en la calle y que tanta justicia se habían cobrado.

Llegaron a una preciosa vivienda encaramada en lo alto de una colina y que hacía las veces de hotel. Unas plantas trepadoras se abrían paso entre los muros. En el lado opuesto, algunos soldados disfrutaban de su cena a la luz de las velas. Ruth se dio cuenta al salivar de que hacía horas que no probaba bocado. Las habitaciones ofrecían un aspecto descuidado. Contempló la rata muerta que yacía en el suelo y decidió aceptar la invitación de alojarse en casa del doctor Batson, un conocido suyo.

Aquella noche, después de cenar, Ruth se preparó para abandonarse a un sueño reparador. El viento se había calmado. Reinaba un silencio sepulcral en aquel decorado dormido. Desde allí podía ver el humo azulado de las chimeneas y de algunas hogueras alejándose en nubes compactas. La ciudad centelleaba bajo los destellos de una lejana tormenta. El aire discurría a un compás ralentizado entre las mezquitas y casas, devolviendo el lastimero eco de un perro que se lamentaba. Tal vez, pensó Ruth antes de caer dormida, aquel desconocido animal sentía su misma soledad, su misma pena.

Batson narró en el desayuno del día siguiente cómo había escapado disfrazado de faquir. Era un conversador consumado y todos rieron con sus anécdotas y su sentido del humor. Sus ojos azules brillaban con sus palabras. Gracias a su conocimiento de la lengua y de las costumbres nativas había engañado a los centinelas indios. Su mujer y sus hijos se hallaban en los cuarteles cuando se desató la revuelta. Él había logrado huir hacia Ambala.

Ruth se encontró con viejos conocidos y recorrió parte de la ciudad en compañía del capitán Garstone, a quien había conocido en Agra. Visitó el Fuerte Rojo, conocido por los nativos como *Lal Qila* por el color de su piedra arenisca. Se trataba de un conjunto rodeado por una muralla de más de seis kilómetros que hacía palidecer al fuerte de Agra. Levantado dos siglos atrás, contaba con amplios jardines y palacios que aún se mantenían en pie, aunque con huellas de las contiendas. Caminaron por el Diwan-i-Am, en su día decorado con piedras preciosas. Se asomó a las estancias imperiales, situados tras el trono erigido a imagen y semejanza del de Salomón y quedó maravillada por el sistema de canales, llamados *Nahr-i-Behist* o «arroyos del paraíso», que corrían entre los aposentos. Alzó la cabeza para contemplar la torre octogonal con los despachos privados del emperador Shah Jahan. Las paredes del palacio, una réplica del paraíso descrito en el Corán, aún conservaban una frase escrita de forma repetitiva: «Si existe un paraíso en la tierra, está aquí, está aquí». Curioso axioma en una ciudad convertida en el mismísimo infierno. Poco podía imaginar que allí mismo, años después, se celebraría la coronación del rey de Inglaterra como emperador de la India.

Una belleza sobrecogedora recorría los pabellones, algunos de ellos destinados a las mujeres. El esplendor mogol se filtraba desde el seno mismo de las piedras y la luz se escurría por los muros que habían resonado con los pasos de hombres a quienes siglos atrás la vida les parecía sonreír. Eran poderosos, amaban una forma de vida que creían indestructible. Nadie estaba allí para contarle a Ruth cuándo comenzó a tambalearse aquel gran imperio para terminar siendo vencido y saqueado.

Por aquellos mismos edificios, las víctimas de las revueltas habían sido asesinadas mientras dormían. Algunas manchas de sangre cubrían aún las paredes y varios amasijos de armas oxidadas atestiguaban las batallas libradas. La señora Jennings y Clifford murieron mientras desayunaban y el capitán Douglas había caído bajo el arco de mármol de la escalera. Tantos y tantos nombres conocidos por ella... En un rincón, un vergel florido se abría paso entre las losas de mármol con agujeros de bala. Sobre esos cimientos tan frágiles —pensó-—, aquellas flores estaban construyendo un puente a la esperanza. Ruth las observó unos instantes recorriendo el vocabulario en busca de palabras apropiadas de agradecimiento.

Ese mismo día también asistió a una misa ofrecida por todos los caídos. El lugar elegido para su celebración fue el Diwan-i-Khas. El recinto donde los emperadores mogoles habían sometido a millones de esclavos se llenó esa tarde con las oraciones de cientos de ingleses que soñaban con la restauración de la paz. Si había un rincón de la India en el que aún habitaba la esperanza, sin duda se hallaba entre aquellas paredes. Luego visitó la ciudad en compañía de unos oficiales. Desde una colina divisaron la residencia de Hindu Rao, cuñado del marajá de Gwalior, el mismo que había mirado hacia otro lugar cuando los ingleses tanto le necesitaron. Aquel palacio había presenciado la batalla más cruenta de la rebelión. En la otra orilla, el fuerte Salimgarh, un anciano de trescientos años que aún plantaba cara al presente. Ruth sintió simpatía por aquel fortín.

Al caer la tarde, las calles de Delhi se poblaron de inquietantes sonidos. Algún disparo lejano, puertas abriéndose y cerrándose, pasos urgentes, la voz de algún soldado gritando ¡alto! Largas y oscuras sombras se deslizaban al acecho de los incautos que osaran aventurarse por la ciudad. Las casas, vigilantes, mantenían las luces apagadas y un silencio de panteón reinaba por todas partes. La ley marcial dominaba entre la población nativa y los militares ocupaban los principales edificios. Delhi pareció replegarse en un callado luto por todos los caídos antes de abandonarse al sueño.

El capitán Garstone se sentía cada vez más a gusto con Ruth. Le atraía aquella joven que había resistido y sobrevivido a momentos inimaginables. Le sorprendía aquella mezcla de fragilidad y de aplomo. Decidió invitarla a conocer los alrededores en elefante. Para ella fue una experiencia inolvidable. Cientos de mujeres antes que ella habían recorrido el país a lomos de aquellos magníficos animales. Resultaba increíble ver cómo hombres diminutos en comparación con las bestias lograban dominarlas con palabras dóciles y gestos sencillos. Bajo el tintineo de las campanillas que se balanceaban con cada movimiento, veía las brillantes cúpulas, las terrazas, las murallas, las personas, con nueva perspectiva. Pasearon por las puertas de Cachemira, Lahore y Calcuta, las tres únicas abiertas de las once que tenía la muralla. Dejó atrás casas carbonizadas, campamentos repletos de soldados. Visitó una iglesia convertida en hospital, donde aún se atendía a heridos.

Garstone le iba explicando cómo había sido la batalla. Tropas de Meerut y Simla habían sido enviadas en socorro de Delhi. Tras una marcha de dos meses, se habían enfrentado a los contingentes indios, a los que fueron derrotando. Durante ocho semanas, sitiaron Delhi. Desde esas mismas colinas, habían esperado la orden de entrar, sintiéndose impotentes mientras escuchaban los disparos, los gritos de júbilo de los cipayos, de terror en las víctimas. Hicieron su entrada espoleados por el odio. Aturdida, Ruth observó los puntos de las principales escaramuzas, los puentes tomados... aún seguía allí el cañón que los rebeldes habían dirigido contra los ingleses y el lugar donde el general Nicholson había fallecido.

Los francotiradores indios repelieron los primeros intentos de recuperar la ciudad con certeros disparos. Cientos de ingleses saltaron desde el acueducto cercano para retirar a los heridos. Muchos murieron en el valiente intento. En aquel entonces, Ruth huía de Gwalior luchando por su vida. Numerosos civiles indios fueron ajusticiados como represalia y algunos barrios resultaron bombardeados por la artillería. Tras arrestar a Bahadur Shah II, el último emperador mogol, al día siguiente sus tres hijos fueron fusilados. Los oficiales llevaron sus cabezas ante el monarca como último gesto de venganza por la sangre inglesa derramada.

Ruth escuchaba todo aquello recordando su propia huida, su impotencia. Delhi debería ser levantada de nuevo sobre sus ruinas junto con un monumento con los nombres de todos los caídos. Los fondos para llevarlo a cabo tendrían que recaer en los nativos implicados en los motines.

Pero aquello formaba parte del pasado y ella estaba viva. Sus sentidos perdieron la memoria del dolor y por alguna razón se sintió por primera vez en paz.

Una de aquellas tardes, descendieron hacia el río donde algunas personas se bañaban y lavaban sus ropas. Por un momento, aquellas gentes los miraron con abierto resentimiento. Ruth se sintió fuera de lugar y se alejó alegrándose en su fuero interno de que los ingleses hubieran sometido a los indios. Sin embargo, en el camino de regreso, de pronto se acordó de las flores que había descubierto en el Fuerte Rojo, y le pareció ver en Delhi un símbolo de esperanza, de continuidad. Si aquella ciudad había sobrevivido a la sinrazón, tal vez los hombres tuvieran una oportunidad.

El 23 de diciembre, día previo a la navidad, Muhammad Abdul Rahman Khan, el nawab de la provincia de Jhajjar, fue colgado en el Fuerte Rojo. El hombre que tanto poder había ostentado viviendo en palacios, cazando tigres, simbolizaba aquel día con su humillante ejecución el escarmiento por las masacres de inocentes. La tensión entre ingleses y nativos era palpable. Ningún indio se sentía a salvo. Un día, paseando cerca de la casa donde había vivido sir Thomas Metcalfe, antiguo gobernador general, uno de los oficiales reconoció a uno de los amotinados. El hombre fue colgado sin dilación. Otra tarde un mercader que se acercó a Ruth y otras mujeres ofreciendo algunas joyas fue amonestado por el alto precio que pedía y se le amenazó con denunciarle. El hombre huyó corriendo dejando en el suelo su mercancía.

Bahadur Shah Zafar yacía en una celda desde su detención tras la toma de Delhi. El último emperador mogol era una figura tan odiada como legendaria. Durante sus últimos años, había visto cómo el imperio fundado por sus antepasados pasaba a manos británicas. Convertido en un anciano, representaba el último eslabón de una dinastía legendaria. Durante la rebelión, había jugado su última baza incitado por los cipayos, soñando con recuperar el poder perdido. Pero la suerte no le había favorecido y ahora languidecía a la espera de ser condenado a morir o ser exiliado. Sorprendida e intrigada, Ruth observó a aquel hombre que pasaba el día echado en un diván, en un continuo duermevela cuando no estaba fumando. Sus negros ojos eran opacos, como frutas secas y pasadas, y su barba de profeta bíblico confería a su rostro pálido y demacrado un aspecto lastimero. Vio con cierta tristeza a aquel reo convertido en una rareza, en un objeto para la exhibición, presentado al público como una pieza de colección e intentó memorizar aquella imagen para no olvidarla. Con la misma desgana con la que él recibió a la comitiva de curiosos, con la misma indiferencia con la que los observó, los ingleses le mantendrían encerrado antes de exiliarlo a Rangún. Ruth fue una de las últimas personas a las que se les permitió visitarle antes de que fuera expulsado de la India.

El tiempo pasaba y había momentos en los que Ruth se preguntaba si no estaba retrasando su partida y las razones que le llevaban a ello. Pero siempre hallaba razones, o tal vez pretextos, para justificarse. Sin embargo, en el aire había presagios de viaje y el 26 de diciembre dejó Delhi en compañía de la señora Blake, su compañera de penurias en Gwalior, y del teniente Fitzgerald.

Días después alcanzaban Ambala, a 200 kilómetros al norte de Delhi. Allí se despidió de sus compañeros, sustituyendo a la nodriza por la viuda de un soldado asesinado en Delhi. Luego compró alguna ropa, pues sabía que en Simla hacía fresco. Tras leer una carta en la que su tía anunciaba que un poni y un sirviente la aguardarían a la entrada de la ciudad, la mañana del 31 de diciembre se puso en marcha. Aquel último día del año 1857, percibió una extraña sensación de limpieza en el aire que llegaba de las montañas y vio en ella un buen presagio.

Ruth había olvidado la belleza de India, la peculiar rapidez del crepúsculo que en cuestión de segundos convertía en oscuridad lo que poco antes había sido luz. Las cumbres nevadas, a lo lejos, brillaban como gigantescas perlas. Las viviendas dispersas en las laderas eran espejismos de colores en un paisaje donde el verde era el protagonista. El camino serpenteaba a lo largo de valles profundos donde los arroyos corrían libres. Prados y pastizales se aferraban a las pendientes rebosantes de flores silvestres. Festones de enredaderas y rododendros, abetos y encinas componían un brillante jardín tropical. Parecía un paisaje encantado. A veces se cruzaban con algunos *gaddis*, pastores de las regiones montañosas. Ciervos y águilas se dejaban ver como preludio de la región a la que se aproximaban. Todo el ambiente acompañaba al estado de ánimo de Ruth.

Desde Kalka, donde pasó una noche, siguió hacia el norte en compañía de treinta nativos a los que no quitaba el ojo. A medida que ascendían, el aire se volvía vigorizante. Algunos hombres llevaban madera y fardos de lana sobre sus hombros o a lomos de pequeños y robustos poneis. Parecía imposible que la vida se abriera paso en aquellos diminutos pueblos y huertos. Desde arriba, aquellas viviendas alpinas le recordaban el paisaje del Tirol, pero en una escala colosal. Qué diferente era todo respecto de lo que había conocido.

Simla fue un regalo, una recompensa. No recordaba que el cielo le hubiera parecido nunca tan azul y la vida tan hermosa. Gentes a caballo, bellas mansiones estilo isabelino, coquetos jardines con rosales y árboles rebosantes de melocotones, albaricoques y cerezas; tiendas surtidas, calles adoquinadas, cafés con finos manteles, la preciosa iglesia... Había llegado a un paraíso con inequívoco sabor inglés. Qué lejos quedaba el fuerte de Agra, los camastros, el olor de la pólvora, las comidas de rancho, el racionamiento, el agua putrefacta, las moscas, el miedo, la enfermedad... Se sentía como una niña sorprendida por los bailes, los picnics, los torneos de tiro al arco, las cenas en los jardines, las reuniones para tomar el té, la misa coral en la iglesia... Cada día descendía el camino a pie para visitar a amigos y curiosear por el «Mall». Pasó cerca de un mes sin que apenas se diera cuenta, y el 19 de enero regresó a Ambala sintiéndose renovada y en paz. Le aguardaba un largo viaje hasta Bombay.

El 30 de enero alcanzaba Amritsar. Poco después recalaba en Lahore, donde el secretario del Fondo de Ayuda al Punjab le dio salvoconductos para obtener pasajes gratuitos en el vapor que partía hasta Karachi y también para el barco que debía tomar en Bombay rumbo a Inglaterra. Tras un viaje a sus espaldas cubriendo una distancia de 1200 kilómetros desde Lahore, en un carro tirado por bueyes, Ruth Coopland, la superviviente de Gwalior, embarcaba el 16 de febrero en un vapor que la llevaría a Karachi.

A principios de marzo, por fin recalaba en Bombay. Con el incesante ir y venir de viajeros esperando embarcarse y la llegada de tropas, la ciudad se hallaba abarrotada y los escasos hoteles y fondas, al completo. En el hotel Hope Hall, uno de los más frecuentados, tuvo que conformarse con una cama que improvisaron en uno de los corredores adyacentes a una sala. Fue afortunada. Contempló su última ciudad india algo conmovida. Muy pronto todo aquello quedaría en el recuerdo. Ella, que no había buscado estímulos intelectuales, que se consideraba poco atraída por la aventura, poco identificada con la osadía, recordó lo vivido sin saber muy bien en qué tipo de persona se había convertido. Echaba de menos a su esposo. Añoraba el sueño compartido con el que habían desembarcado dos años antes. Ahora, todo había acabado. Su tiempo en India se agotaba.

La última tarde se dirigió a la Oficina de Correos donde aguardaba numerosa correspondencia de su familia. Era la primera que recibía desde que abandonara Agra, varios meses atrás. De pronto sintió muy cerca su hogar.

El 18 de marzo, Ruth Coopland zarpaba a bordo del *Oriental* con su bebé y una niñera india rumbo a Inglaterra. Cuando el barco se alejaba de la costa, echó un último vistazo al país donde había vivido las peores experiencias de su vida. Algunas de las escenas de horror acudieron a su mente, pero, viendo el hermoso estuario de Bombay y sabiendo que no volvería a pisar aquella tierra, asió a su hijo y contempló cuanto le rodeaba con indulgencia. Un sentimiento de perdón la invadió. Atrás quedaba el pasado. El futuro aguardaba cargado de buenos presagios.

CHARLOTTE CANNING

El final de una era
1817-1861

Resultaba difícil recrear el ambiente de una cabaña de la cam-
piña inglesa o de una elegante casa adosada de Londres. Resul-
taba también difícil vivir "normahnente" en aquellos bungalós
de techos altos, divididos por simples biombos y por punkahs,
amueblados con camas cubiertas de mosquiteros y con criados
nativos descalzos, siempre presentes o esperando tras la puerta,
sin un alma alrededor con la que poder pasar una tarde.

Margaret Case
Nineteenth Century Memsahibs in India

Había días en que Charlotte Canning lloraba con la incontinencia de un río desbocado. Con los sentidos abotargados por el calor, aquel mes de mayo de 1857, algo más de un año y medio después de su llegada a la India, hilvanaba como podía la información que llegaba cada día. Rescataba palabras en los informes recibidos por su esposo, gobernador general de India, sin poder dar crédito a lo que narraban. Desde el amanecer hasta última hora de la tarde, las visitas se sucedían y el despacho de Canning era todo voces y órdenes. Plantada en mitad de aquella milicia de emisarios, Charlotte cazaba al vuelo frases con las que luego componía su propio puzle de realidades, llenando los espacios vacíos con rostros imaginarios. La sangre gobernaba la vida de la India. Sangre inglesa. Sangre derramada en numerosas ciudades. Sangre roja, color pimentón, como el barro de los caminos tras la lluvia del monzón, como el limo que bañaba las orillas del Ganges, como las murallas de los palacios de Rajputana o los turbantes de algunos vigías de esa espiritualidad que parecía haber perdido la India. Los oficiales condecorados, héroes de mil batallas, ahora llegaban a la Casa del Gobierno con la cabeza hundida. Una palabra sobrevolaba sobre todo aquello: cipayos. Su pensamiento buscaba respuestas que no hallaba. Qué lejos parecía haber quedado su primer año en la India...

Evocó su llegada a Bombay en enero del año anterior. Al poco de desembarcar, había observado cuanto le rodeaba sin sospechar que jamás saldría de aquella tierra extraña que pisaba. En el muelle, gentes oscuras gesticulando, exhibiendo su impudicia. Colmenas de rostros extraños. Remeros con las ropas bañadas en sudor, lanzando cabos, gritando una y otra vez: *memsahíb!*, *sahib!* Luego, aquel calor que no sabía de misericordias. La humedad. El olor a pescado seco, a ajo, a chili, a jengibre, a clavo, a sándalo... Bandadas de loros posándose en los tamarindos como enormes y brillantes guisantes. Las mujeres portando sobre sus cabezas todo un mundo con elegancia inusitada. Campesinos desaliñados. Figuras luciendo túnicas blancas. Aún no sabía que el blanco era el color del luto para los musulmanes y los hindúes. Recordaba también el ruido ensordecedor. Los gritos de los estibadores y vendedores, los relinchos de los caballos... Gente y animales. En el horizonte, casitas de colores, cúpulas de mezquitas, torres de templos jainistas y pagodas... Por un momento, pensó que había llegado a otro planeta. Se sentía distanciada, como si todo aquello se sucediera en otro plano de la realidad. Al llegar a tierra estaba, confundida, superada...

Desde su nacimiento en 1817 en París, donde su padre había sido destinado como embajador británico, sus niñeras y tutores infundieron en Charlotte Stuart los principios que regían la sociedad decimonónica. Claro que ella, al menos, disfrutó de ventajas inherentes a su posición. Sus primeros balbuceos fueron pronunciados en francés y Napoleón encarnó durante su infancia un personaje tan familiar para ella como sus propios tíos. Pero fue la gran mansión familiar de Londres, en la que se crio más tarde, la que marcaría su juventud.

El mundo empezaba y acababa en aquel caserón que se vanagloriaba de recibir a lo mejor de la sociedad inglesa. Se trataba de un bastión sin más conexión al mundo que la música, la literatura, los bailes y las charlas sobre política, que llenaban el gran salón cada vez que eran visitados por ministros y miembros del Parlamento. Era entonces cuando sir Charles Stuart, padre de Charlotte, se hallaba en su medio. Por las venas de aquel diplomático corría sangre noble, historias de ducados y palacios obtenidos a base de victorias. Su árbol familiar incluía guerreros y aristócratas y podía presumir de ser nieto de un destacado primer ministro: John Stuart. En cuanto a su esposa, lady Elizabeth Yorke, provenía de una de las familias más respetadas de Inglaterra; Elegante y voluptuosa, ningún hombre la conocía sin caer hechizado. En este mundo de hombres, cuyos juicios y decisiones iban a misa, se crio Charlotte Stuart.

Al cumplir los diecisiete años, Charlotte ya se había convertido en una belleza. Su cuello de cisne, sus proporciones de cariátide, su pelo color ébano seccionado en el medio por una finísima ralla, su rostro almendrado, sus ojos profundos y su elegancia formaban un soberbio conjunto. Charlotte dominaba el francés, el dibujo y la acuarela, estaba versada en literatura y atesoraba una variada cultura adquirida en sus viajes por Europa. Pese a todo ello, no era pedante sino todo lo contrario. Si había una virtud que destacara en ella, era la discreción.

Apenas tuvo tiempo de paladear el sabor de la juventud, de seducir, de jugar con los pretendientes y revolotear en los salones de baile como el resto de las jovencitas de su edad. Antes de que se diera cuenta, se había prometido al único hijo del ex primer ministro George Canning. Nada más posar la mirada en la hija de sir Charles Stuart, aquel joven ambicioso halló en ella la mujer con la que venía soñando y no dio ocasión de que ningún otro se le adelantara.

Alto, atractivo, con la frente despejada, la nariz de un héroe griego, la mirada insondable, algo taciturna quizás, sus expresivas manos, su cuerpo enjuto, sus maneras de estudiante de Oxford, su pasión por los clásicos, por la historia y las matemáticas, Charles Canning eclipsó a Charlotte en cuestión de segundos. Atraída como la mariposa a la llama a partir de aquel encuentro, ella se sintió trasplantada al mismísimo cielo y ya no pudo pensar en otra cosa que en compartir su vida con él.

Aún conservaba el perfumado recuerdo de sus primeros años de matrimonio tras haber dado el «sí» en la iglesia St. Martin-in-the-Fields de Londres. Poco después, su esposo había sido elegido miembro del Parlamento y más tarde, tras heredar el título familiar, se convertía en vizconde. De la noche al día, Charlotte había pasado a ser la vizcondesa Canning sin tener una idea muy clara de lo que iba a ser su vida.

Qué lejos quedaba todo aquello en la primavera de 1857. Charlotte se sentía regresar de un pasado muy remoto para aterrizar en una realidad que la aterraba. En la privacidad de su gabinete, empezó una nueva carta a la reina. Hasta la pluma dudaba en avanzar por el papel. Siguieron amontonándose los recuerdos. Pensó en cómo se había iniciado su amistad con la soberana. Siete años después de su matrimonio, en la primavera de 1842, una inesperada noticia había irrumpido en su vida: era nombrada dama de compañía de la reina Victoria. Ella vio entonces cumplidos todos sus sueños: hija de un respetado embajador, esposa de un político en ascenso, dama de compañía de la reina... No podía pedir más. Si acaso, un hijo. Un hijo que, en cambio, no llegó. A partir de entonces, parceló su vida entre sus dos grandes amores:

su esposo y la reina. De noche, compartía con él sus vivencias, su amor. De día, acompañaba a la regente en sus salidas, almorzaba con ella, era su confidente...

Luego, de nuevo, la vida había jugado con ella. La India: el encuentro con otro mundo. Un traje demasiado grande y sin tiempo para hacer composturas. Un principio sin final a la vista. Tras el nombramiento de su esposo, la reina la había dejado marchar arrancándole la promesa de que enviaría cartas detalladas.

Charlotte recordaba esas y otras muchas cosas como el condenado a muerte ve pasar su vida ante él antes de ser conducido al patíbulo. Con qué velocidad había pasado también su primer año en Calcuta. No había libros ni guías que ayudaran a prepararse para aquella experiencia: empezar a divisar un mundo aterrador y saber que ha de pasarse por él. Había tardado un año en comprender. En aceptar.

El primer encuentro se había producido al poner el pie en el embarcadero de Bombay. Luego, lejos de los límites de su mundo conocido, todo ocurrió: la parada de las tropas, el paso del vehículo por las calles, la escolta de lanceros, las multitudes, los tullidos, las miradas... y su primera toma de contacto con lo que sería su vida allí: la residencia de lord Elphinstone, gobernador de Bombay, su anfitrión.

«Vivimos donde nos hallamos en cada momento», pensó aquella, su primera noche en Bombay, cenando en el porche con el gobernador. Oriente parecía resumido en aquella velada: cada objeto, cada plato, cada gesto, cada hombre tocado con turbante atendiendo el servicio... Si las miradas pudieran aniquilar, habría caído fulminada por la negrura de aquellos ojos que pasaban sobre ella de soslayo mientras las manos enguantadas depositaban frutas exóticas en la mesa. Se sintió impaciente en sus movimientos, incluso estridente, en presencia de aquel sigilo que acompañaba cada movimiento de los sirvientes.

Lo peor de todo había sido el calor. Se hallaban aún en la temporada fresca, pero para ella, aún sin aclimatar, Bombay agonizaba. Las persianas venecianas, el porche y las puertas abiertas de par en par al anochecer se confabulaban para ganar la batalla al bochorno sin conseguirlo... Dos horas después, tumbada bajo la protección del mosquitero, anotó en su diario: «Supongo que nunca volveré a sentir el frescor del que disfrutaba antes de emprender este viaje».

Fue durante las primeras semanas cuando hubo aprendido a no mostrar miedo; a no dejarse llevar por sus prejuicios; a irse despojando de sus fobias, aunque al principio resultaron duras, muy duras. Hubo días en los que se sentaba a contar las horas sin que ninguna alteración cambiase su rutina. Salas vacías. Vida doméstica organizada. Reglas establecidas. Inútiles despertares. Repetidos gestos. Su marido, reunido o ausente... Del bolsillo de su vestido sacaba su pequeño diario y escribía... «Hoy por hoy siento una soledad y una debilidad de espíritu sin límites. Esta experiencia resulta todo menos alegre. Mi vida transcurre carente de ningún aliciente, limitándose a aportar un detalle de decoración o elegir treinta nombres de una lista para la cena. Y así dos días más tarde. Y así tres veces a la semana...».

Pero con el tiempo las cosas cambiaron y la vida se llenó de quehaceres. La India empezó a estimularla, a provocarla. Dejó de sentirse torpe, indefensa... empezó a memorizar nombres de plantas, de platos, de profesiones, de castas... *banyan, chunam, meer, aumeen, aurung, begur, chandala...* La extrañeza siguió, pero comenzó a identificar los olores, a interpretar las miradas, los gestos... hasta que un día dejó de hacerse preguntas y aprendió a observar sin intentar comprender.

Dulce oscuridad la de las cuevas de Kanheri. Su primera visita. Su primera escapada. Luego Elefanta con su geometría perfecta, los roncos sonidos del viento, sus pasillos danzantes, las figuras de miradas esbeltas... Habían quebrantado aquel lugar de otro mundo con sofás, tapices, pinturas, botellas de oporto y champán, para terminar brindando por la reina entre dioses hindúes tallados en posturas lascivas. Curiosa comitiva para tan solemne momento.

Más tarde, la travesía a bordo del *Feroze* rumbo a Madrás, la ciudad que ella y su esposo habían descubierto de mano de lord Harris, gobernador de aquella provincia y antiguo compañero de Charles en Oxford. Guardaba nítidos recuerdos de su estancia allí: la arrogancia de aquel hombre, los dos cachorros de tigre como mascotas, el peso de las horas a bordo del ferrocarril, las miradas inocentes en los niños de la Free Kirk Mission School, el orgullo en los palacetes europeos... No era extraño que, tras largos años en la India, algunos se deprimieran al regresar a sus ciudades. Perdían no solo su posición sino un estatus de vida, teniendo que conformarse con sus viviendas en Maida Hill o en Cheltenham. Atrás quedaban los palacios, las espaciosas estancias, los sirvientes corriendo junto a los coches de sus amos sin perder el resuello. Atrás quedaba una forma de vida, un boato desconocido por la clase media en Inglaterra.

Manchas de luz y sonido de cañones. El presente nunca había sido tan palpable como a su llegada a Calcuta. A las cinco y media de la tarde del 29 de febrero. Jamás olvidaría aquella fecha, ni siquiera la hora. Allí había empezado su auténtica aventura, en el lugar conocido como Maidam, donde su barco había atracado. El sonido de las salvas disparadas desde Fort William anunciando su llegada, las banderas ondeando en el aparejo de los veleros, las tropas alineadas en ambas orillas, la ausencia de sombras en la Esplanade Row, expuesta al martirio del sol del mediodía, y por último la Casa del Gobierno. Lord Dalhousie no había dejado nada al azar para recibir a su sucesor. Había cumplido con todos los requisitos exigidos para la ocasión.

Fue entonces cuando Charlotte cometió su primer lapsus en el rígido protocolo al desembarcar antes que su esposo. Aquello había hecho arquear las cejas a más de un bigotudo oficial. Se acercaba a la cumbre de su vida sin estar segura de desearlo, sintiendo que se arrojaba por un desfiladero revestido de seda, sin sospechar aún que un año después todo se tambalearía. Alcanzó el que sería su hogar a bordo de una carroza tirada por cuatro caballos conducidos por dos postillones ataviados en escarlata, negro y dorado. Aplausos, miradas, vítores y emoción entre los arcos triunfales hasta la Government House.

Lady Susan Dalhousie, en representación de su madre fallecida tres años antes en trágicas circunstancias, les esperaba en lo alto de las escaleras. Qué triste el final de lady Dalhousie, a quien Charlotte había sustituido como dama de compañía. Después de renunciar a lo más querido, a lo más valioso, dejando a sus hijos en Londres para acompañar a su esposo a la India, se había derrumbado sin poder soportarlo. Otro pozo, otro desfiladero engullendo vidas. Tiempo después era enviada a casa en un estado lamentable. A bordo de la embarcación, cruzando el canal de Bristol, había muerto sin llegar a ver las costas de su país.

La tristeza y la fatiga asomaban en la mirada de lord Dalhousie cuando salió a recibirles. El hombre que había puesto la India patas arriba era en aquel momento un espectro enfermo y debilitado que se valía de una muleta para arrastrar su cuerpo encorvado. Ocho años en aquel país pesaban mucho. Charlotte intentó medir con la mirada la talla de aquel héroe convertido en un despojo. Parecía un mueble viejo. A sus cuarenta y tres años, era todo un anciano.

Poder y vulnerabilidad. Ambos elementos cohabitaban en él. Había logrado cambiar el orden de muchas cosas durante su mandato. Trabajando con la mente y también con el corazón. Nuevas vías de ferrocarril, servicios de barcos de vapor y líneas de telégrafo que unieron distancias impensables. Bajo su mando, los dominios de la Compañía habían alcanzado provincias remotas al anexionarse el Punjab y parte de Burma. Grandes latidos de sabiduría habían dictado sus pasos al hacer uso de la «Doctrina del Lapso», según la cual los territorios de cualquier terrateniente local fallecido sin un heredero masculino pasaban a ser propiedad de la Compañía de las Indias Orientales. La suya había sido una hábil jugada que puso en bandeja reinos como Pune, Nagpur y Jhansi. En ocho años, cerca de 650.000 km^2 en detrimento de los príncipes nativos. Uno de los más poderosos, el reino de Oudh, había caído tras haber sido declarado su nawab incompetente para gobernar.

Para muchos, Dalhousie había gobernado con métodos correctos desde el punto de vista legal, pero moralmente equivocados. La eliminación del derecho de los príncipes indios a adoptar hijos o la alegría con la que se habían declarado a algunas cortes incapaces de autogobernarse resultaban medidas impropias. La toma de Oudh en febrero de 1856, había avivado el descontento de la familia real depuesta y, sin duda, aquello había tenido que ver con lo que ahora ocurría. «Todo está tranquilo —le había comunicado Dalhousie a su esposo—, pero no por mucho tiempo». Tal vez vaticinaba la tormenta que se avecinaba. No imaginaban entonces la gravedad que encerraban aquellas palabras premonitorias.

Su esposo no tardó en advertir la vulnerabilidad de las tropas británicas, en clara minoría con respecto a las nativas. El ejército privado británico estaba integrado en su mayoría por hindúes y musulmanes: trescientos mil hombres. Sin duda, los catorce mil soldados europeos entre una población nativa de ciento cincuenta millones de habitantes eran una insignificancia y así lo comunicó en un detallado informe enviado a Londres.

Calcuta engañaba a primera vista. La plaza abierta frente a la Casa del Gobierno, la Esplanade Row, le había recordado en una primera impresión a Londres. «Hace pensar en Hyde Park y en las casas altas que hay al lado norte del parque», había escrito a la reina. Pero bajo aquella apariencia se ocultaba el aire vulgar y deprimente de una ciudad de provincias: «Tiene tremendas deficiencias de las que nadie me había informado pero que resultan suficientes para disuadir a cualquier infeliz de venir a vivir aquí». La oscuridad no lograba ocultar la fealdad de aquel montón de barracas nativas hechas de barro y bambú. ¿A quién se le había ocurrido bautizar a Calcuta como «la Ciudad de los Palacios»?

Las dos primeras semanas fueron una caída en barrena. Primero la ciudad, y más tarde aquellas cenas. Las palabras rotas de la comunidad europea, sus ojos apuntando, como reflectores, a su persona, sus conversaciones vacías, sentirse aislada de una forma que nunca habría imaginado. Había retrocedido hasta el límite de lo posible para no contagiarse de tedio, de vacuidad... y a punto había estado de perder el equilibrio sintiendo que avanzaba por la cuerda floja. Nadie le hablaba. La respetaban, pero la evitaban.

El único oasis en aquel aislamiento lo halló en George Anson, comandante en jefe y oficial de la Guardia de Honor. Qué ironía. El único calor, el único color, llegados de mano de un militar condecorado en Waterloo... Cuanto más conocía a aquel hombre, más honrada se sentía de poder contar con él. Ella, que solo suspiraba por algo de compañía, halló en él a un amigo, a un consejero, un aliado. Educado en Eton, arrastraba más de cuarenta años de experiencia militar. A sus sesenta años, conservaba toda su fuerza. Alto, autoritario, agudo, galante, observador, inquisitivo, y con una gran carga humana, era el arquetipo masculino con el que cualquier mujer soñaba. Pese a ello, era criticado por algunos debido a su actitud despótica con los cipayos, a los que solía esquivar, y hasta Canning abrigaba sentimientos encontrados por un hombre que «en cierto sentido resultaba una decepción. Pero era difícil discutir con alguien de su temperamento y su talla».

Sir James Colvile, juez de la Corte Suprema de Bengala, otro valioso baluarte y un faro en la soledad de aprendiz de Charlotte durante los primeros meses, era otro cantar. Para empezar, era más joven y aun así se le veía más pragmático en sus juicios y más comedido en sus actos. Su formación jurídica se traslucía en la manera en que sopesaba cada cuestión antes de emitir un juicio. Se trataba de un funcionario público ascendido a juez en la India que más tarde había sido elegido vicerrector de la Universidad de Calcuta y que ocupaba la Presidencia de la Sociedad Asiática. Colvile era un hombre sagaz, un analista nato, pero a la vez resultaba sensible y justo. Era también un defensor de los débiles y de las causas perdidas. Tal vez por ello Charlotte despertó en él un profundo deseo de protección y, siempre que se hallaba en su presencia, él actuaba rodeándola como un escudo.

Cada mañana, a eso de las cinco, el día comenzaba. Charlotte retiraba el fino mosquitero de su cama y se dejaba peinar antes de desayunar. Cuántas veces había ayudado ella a la reina Victoria en momentos similares... Minúsculas luces lograban colarse entre los finísimos resquicios de las venecianas. Matices ocres y verdes se apoderaban del día a medida que clareaba. Cuando la oscuridad se batía en retirada, el olor del té, un té de sabor intenso pero reconfortante, llenaba su gabinete. La fruta partida, los delicados chapatis, la mermelada de mango y la mantequilla de gusto fuerte la resucitaban, y su pereza inicial se derrumbaba bajo el sosiego y los aromas que contagiaban el aire.

A veces se quedaba para escribir en el mundo conocido y tangible de su habitación. Cartas repletas de detalles, invitaciones, tarjetas de agradecimiento, listas de tareas... Se le iba la mañana con aquello. Otras, se recogía el pelo en una fina red y salía a dar un paseo por el embarcadero, donde algunos se congregaban ya para presenciar ese momento mágico del amanecer. En contadas ocasiones, se dirigía a las cuadras, donde escogía un caballo y cabalgaba un par de horas. Orgullosos cipayos guardaban la entrada a los establos. Nunca sabía Charlotte si su mirada era reprobadora o respetuosa. Todos ellos posaban envueltos en orgullo.

Rara vez ella y su esposo, seguidos de su escolta personal, iban hacia los arrabales. Era entonces cuando descubrían esas otras cosas de la India de las que nadie les había hablado. Una de aquellas tardes, se habían cruzado con campesinos que traían heno en carretas tiradas por bueyes. Oscureció mucho antes de que pudieran regresar a través de los intrincados caminos. En un momento dado, cuando los campesinos se perdieron de vista y quedaron en total soledad, todo a su alrededor se iluminó con las luciérnagas posadas en las hojas, en la hierba y en lo alto de los bambúes y las higueras, guiándoles en el camino de vuelta. Jamás lo olvidaría.

A finales de marzo, el calor no daba tregua. Las ropas se pegaban a su cuerpo impidiéndole transpirar. Abotonada hasta el cuello y con los brazos cubiertos, Charlotte contemplaba con envidia los finos saris que dejaban al descubierto un hombro, que parecían flotar en torno al cuerpo, que levitaban como plumas. El bochorno se movía en círculos concéntricos, azotaba sin piedad... «Estamos empezando a sentir auténtica incandescencia», escribió a su hermana. Se sentía morir, apenas tenía energía para moverse, era incapaz de conciliar el sueño y perdió el apetito: «Pronto me convertiré en un esqueleto de color amarillo, como todo el mundo aquí». Cambió la forma de vivir. Cambiaron los uniformes de los sirvientes a túnicas blancas y más ligeras. Cambió el humor de su marido y el suyo propio. Entraron en un letargo difícil de combatir. Se sentían enfermos. Débiles. Inapetentes.

Los criados iniciaron la costumbre de cerrar con las primeras luces las venecianas o *jhilmils*. Suspendían en las puertas y balcones tupidos *tatis*, mamparas de césped húmedo, impidiendo la entrada de los rayos de sol. La residencia se tornaba lóbrega. Un lugar donde el único movimiento perceptible escapaba de los grandes *punkahs,* que producían una relativa sensación de frescor. Luego, con la caída del sol, se abrían de nuevo las ventanas para permitir el paso de la brisa nocturna. Lento y pesado, el aire llegaba con desgana, sin lograr apenas mover las finas cortinas. Aquellas eran noches insomnes de relinchos en las cuadras.

De sonidos de cigarras. De desasosiego... «Me siento avergonzada por la forma en que se endurece mi actitud, dando trabajo y creando problemas al servicio, algo que al principio me preocupaba tanto. Ahora nunca se me ocurre pensar en el hombre que mueve el *punkah* tirando de su cordel. Cuando podrá irse a dormir o cuándo despertará es algo en lo que no pienso, y este es, sin duda, un cambio para peor en mis sentimientos».

Con el bochorno vino la fauna. Una fauna variada. Insistente. Inoportuna. Una fauna que volaba, que reptaba por los suelos, trepaba por las paredes, caía del techo sobre los platos en las cenas obligando a cubrirlos. Negras cucarachas voladoras, enormes arañas, saltamontes, hormigas rojas que llevaba a los criados a proteger las patas de los muebles con platitos llenos de agua. Aquella era también la estación de las serpientes y los monos. Una noche Charlotte regresaba a su habitación para descubrir que esta se había transformado en un Arca de Noé. Varios lagartos corrían en persecución de negras cucarachas que huían aterradas. Un grupo de murciélagos participaba en la orgía atrapando mosquitos en sus vuelos rasantes. Las salamandras, en la pared, parecían observar la escena con sus ojos oblicuos sin decidirse a disfrutar del festín. «Nunca agradecí tanto mi mosquitera».

Vivían además con la peor de las amenazas posibles: el riesgo de caer enfermos. El cólera se cebó con algunos conocidos. Primero, la joven esposa del teniente del Cuerpo de Guardaespaldas. La siguiente víctima mortal fue el cocinero francés llegado con ellos desde Inglaterra. Pobre Monsieur Crepín... Una especie de relieve rugoso se había instalado en la vida. Desaparecía un día para reaparecer otro con mayor virulencia. Más calor. Más insectos. Más defunciones...

Pero un día, de pronto, llegaron los indicios de cambio. Llegó la urgencia en el aire. El anuncio cobrizo en las nubes. Fue el encuentro con su primer monzón. Primero el cielo negro presagió su llegada. Luego el viento. Aquel viento procedente del este vaticinando algo poderoso. El mundo pareció detenerse, contener el aliento. Una tormenta de polvo sumió todo en las tinieblas. Nubes como humo espeso fueron avanzando. La casa se estremeció. «El viento rugía y rugía estrellándose aquí y allá. En mi habitación, las ventanas estaban abiertas y la lluvia entró a raudales empapándolo todo, hasta el último rincón. Luego el agua se precipitó escaleras abajo como una catarata, entre relámpagos azules que no cesaban. El rugiente viento me impedía escuchar el sonido de los truenos».

Llegó agosto y con él, la vegetación exuberante tras las lluvias tapizando la tierra. Vestida de verdor, Bengala parecía haberse quitado varios años de encima. El Dharma, la ley del orden del universo en el hinduismo, era visible en todas partes. En las plegarias, en la naturaleza, en las estaciones y las cosechas, en las gentes y sus relaciones. La vida se renovaba en cada escena cotidiana. A orillas del Hugli, las madres lavaban a sus hijos desnudos, se bañaban ellas mismas con los saris pegados a su cuerpo, los hombres hacían abluciones, oraban de gratitud... La blancura polvorienta de los meses pasados dio paso al color azafrán en la tierra empapada. Los pétalos, el incienso y las ofrendas de fruta alegraban los altares y hasta las garzas reales sobrevolaban el Ganges con especial elegancia. Agosto se despedía de las lluvias ahíto de agua.

Septiembre y octubre trajeron la festividad sagrada de los hindúes: el Dussehra. En cada casa de adobe, en cada pequeño templo, en las calles, se invocaba a la Diosa Madre para reactivar el vigor y la fertilidad del suelo. La espiritualidad se adueñó de cada rincón y una emoción inexplicable contagió a todo el mundo. Tras la resaca del Dussehra, el pensamiento de Charlotte empezó a estirarse. Sintió por primera vez la necesidad de involucrarse en aquel mundo. De escapar de su microcosmos y abrirse a la dimensión sorprendente y desconocida que la rodeaba. Empezó a trabajar por la educación de las mujeres indias. Siguió con visitas a las escuelas. Sonriendo para sí, distribuyó su tiempo entre su vida y la de mujeres a las que no conocía. Por las calles, comenzaron a seguirla hileras de niñas descalzas con faldas de volantes, llevando para ella pequeñas flores o cajitas hechas con trozos de latón. Se acercaban para poner aquellos símbolos de gratitud en su mano bajo la vigilante mirada de sus madres, que permanecían a cierta distancia. Fue un comienzo y todo un descubrimiento. Lo que no le habían dado las europeas, lo hallaba en las mujeres indias. Compañía. Por primera vez se había sentido útil y viva.

Luego, se produjo el gran hallazgo. Su refugio en la India. Barrackpore. Jamás habría imaginado que pudiera haber un lugar semejante. Río arriba, a tan solo 22 kilómetros de Calcuta, se hallaba el paraíso. El único paisaje capaz de sosegarla. Un lugar donde el silbido del viento por las noches era un bálsamo. Lo había descubierto tras viajar a bordo del *Sonamukhi*, la embarcación para uso del gobernador general y su familia. Varios culis de pies desnudos la remontaban río arriba por medio de cuerdas fijadas a los costados, de las que tiraban mientras corrían a lo largo de la orilla.

Lord Hastings, antiguo gobernador de la India, había dotado a aquel palacio flotante de todos los lujos imaginables. *Sonamukhi* era una casa encantada. En días especiales, navegaba tras ella una flotilla de barcazas semejando una inmensa serpiente. Se trataba de las *feelchehras*, cargadas de sirvientes, alimentos, cocinas y también de invitados. Hasta una banda de música animaba la corta travesía. En las orillas, avanzaban los criados portando antorchas. Semejaban luciérnagas ambulantes.

Wellesley, que en 1801 había decidido transformar una antigua estación militar en aquella preciosa residencia de campo, debió de haber visto en Barrackpore algo similar a lo que ella sintió al descubrirlo. El jardín inglés, el aviario, la casa de fieras y el pequeño teatro representaron todo su mundo durante siete meses. Lejos de su esposo. Lejos de Calcuta. Lejos del calor. Lejos de todo.

Ahogó su soledad paseando entre los helechos y los lirios blancos próximos al embarcadero. Retomó la fotografía entre los templetes griegos y las ruinas neogóticas. Se sintió una niña al descubrir los animales del zoo: la elegante jirafa, el aburrido tigre, el curioso chimpancé, los feos rinocerontes y sobre todo los osos. A uno de estos últimos, que había sido la mascota de lady Dalhousie, le gustaba ser alimentado con pasteles.

Charlotte se negaba a aceptar que otro mundo la esperaba fuera de allí. Cada mañana, Barrackpore se iba llenando con el sonido de pasos de los sirvientes, centinelas, cocineros y mozos de los establos. Después de desayunar, sacaba los pinceles y salía a dar un paseo subida a uno de los ocho elefantes que vivían en el parque, sintiendo sus movimientos cadenciosos y sabios. Se le iluminaba entonces la mirada y la vida en la India le ofrecía un panorama muy diferente.

Algunas tardes se sentaba en el salón central o en el porche de columnas dóricas donde confluían las tres alas de mariposa del palacio. Escribía o e cerraba sus ojos y se dejaba llevar. Los últimos rayos parecían pedir permiso para filtrarse por los ventanales y dirigirse hacia la vacía sala de billar. Era la hora en que la brisa traía olor a plátanos y a ceibas.

De noche, las paredes cubiertas de una fina cal hecha a partir de conchas marinas brillaban a la luz de las velas y toda la casa irradiaba una luz como de estrella fugaz. Llegó a amar aquella soledad y se acostumbró a los aullidos de los chacales que merodeaban por el jardín italiano.

Pasaba días enteros retocando el jardín, probando injertos de bambú y palmeras. Llenó el estanque de flores de loto, recogió en sus acuarelas el Durga Puja, el popular festival del otoño celebrado entre barcas y dioses paseados en palanquines, sintiéndose náufraga y feliz. El tiempo allí parecía estancado. Barrackpore, con su fulgor de estrella lejana y solitaria, le ayudó a encontrar de nuevo el orden de su vida y redujo a escombros su apatía. De morir en la India, aquel sería, sin duda, el lugar donde desearía reposar para siempre.

Octubre y noviembre dejaron un rastro ámbar en los árboles. Entonces, comprendiendo que se había enamorado de aquel lugar, regresó a Calcuta sintiendo que abandonaba a un amante en el momento de mayor pasión. Llegó el frescor, y con él cesó el cadencioso balanceo de los *punkahs,* que fueron sustituidos por los *chuddas* o chales cubriendo las camas. «Hemos pasado aquí a un estado diferente de la existencia», escribió a la reina el 23 de noviembre.

En navidades se sucedieron las cenas y galas oficiales. Hasta mil cincuenta personas fueron invitadas al baile de Año Nuevo. Todos los príncipes nativos de las provincias cercanas a Calcuta, con palacios más allá de los campos cuadriculados que rodeaban la ciudad, asistieron.

Y así llegó un nuevo año, y con él, la oscuridad... A qué velocidad se sucedían las estaciones en India. Y a qué velocidad también transcurría la propia vida... 1857, el año del terror.

Nada hacía sospechar la tormenta que se avecinaba. Los días pasaban con su habitual monotonía. Marzo estaba a la vuelta de la esquina, marcando el aniversario de su llegada a India, y Charlotte repasaba los recuerdos de aquellos meses en su diario, sintiéndose tragada por ellos. Marzo marcaba también el comienzo del año hindú, un comienzo cargado de augurios. 1857 señalaba el centenario de la victoria de Plassey, que había consolidado la presencia británica en la India. El 23 de junio, fecha que conmemoraba la victoria, resucitaba las predicciones de que el dominio británico en India no duraría más de un siglo.

De pronto, el 26 de febrero marcó el inicio del desastre, y el aire se tornó opaco. Los soldados nativos del 19º Regimiento de Infantería de Bengala acantonados en Barrackpore se negaron a hacer uso de los nuevos cartuchos destinados al fusil Enfield modelo 1853. La grasa de la membrana que los envolvía provenía de cerdos y vacas, una ofensa para los musulmanes e hindúes cuya religión prohibía el contacto con cualquier parte de estos animales. Por aquel entonces, unos doscientos cincuenta y siete mil cipayos integraban el grueso de los contingentes militares junto a una cantidad muy inferior de soldados ingleses o «casacas rojas».

La inicial extrañeza de los oficiales dio paso a la desobediencia que se expandió retorciéndose como una víbora cegada por su propio veneno. Para sir John Hearsey, comandante de Brigada de Barrackpore, se trataba de un acto de rebeldía y requería un escarmiento. Exhortó a los soldados a emplear aquella munición amenazándolos con la artillería, pero la actitud de los cipayos dio un peligroso giro a la situación. Tal vez Hearsey advirtió algo en el aire que se cerró en torno al destacamento e intentó hallar una solución pacífica. El hecho es que, tras hablar con sus hombres, accedió a estudiar el asunto de las armas. Pero el huracán no había alcanzado aún ni el primer grado.

Informada del incidente, Charlotte no acertaba a adivinar en qué dimensión se movían las cosas, pero sintió el peligro adherido a su piel.

El 29 de marzo, Mangal Pandey, del 34º Regimiento de Infantería de Bengala, exhortó a sus compañeros a la desobediencia. Debían expresar su descontento no solo por ser obligados a emplear la munición, sino por el trato vejatorio recibido desde siempre por los británicos, que les obligaban a dormir en cuarteles separados, les insultaban y les daban una paga inferior a la de sus compañeros ingleses. Por si ello fuera poco, el año anterior muchos habían sido enviados a luchar a Birmania, donde se guerreaba desde hacía veinticinco años. Para los hindúes, había sido un ataque a sus creencias religiosas, según las cuales aquellos que atravesaban «las aguas negras», como llamaban al océano, perdían su casta en la comunidad. La elocuencia de Pandey dio paso al siguiente y decisivo acto en el drama: cuando los soldados se negaron a emplear los cartuchos, fueron sentenciados a seis y diez años de cárcel.

Informado de aquello, el sargento James Hewson, viajó a Barrackpore para investigar. Pocos minutos después de haber llegado, resultaba herido de un disparo efectuado por Pandey. Aquello levantó la primera alarma. Cuando su ayudante, el teniente Henry Baugh, quiso informarse de lo sucedido, Pandey abrió fuego contra él, pero en esta ocasión solo logró hacer blanco en su caballo. La llama se había encendido.

Hearsey ordenó el arresto de Pandey, pero su subordinado indio se negó a hacerlo. Ambos fueron detenidos y ahorcados. Esto ocurría el 8 de abril. A partir de aquel momento, se desencadenó la tragedia.

El regimiento al completo fue disuelto como castigo y a partir de ahí la situación escapó del control: el 9 de mayo, ochenta y cinco soldados del 3er Regimiento de Caballería ligera también se negaron a utilizar los cartuchos. Como respuesta, los oficiales ingleses los detuvieron y despojaron de sus uniformes en público. A continuación, los sentenciaron a diez años de trabajos forzados.

Fue entonces cuando comenzaron a llegar los telegramas informando de la sedición de algunas tropas y de las represalias tomadas. Hearsey se personó en Calcuta buscando apoyo del gobernador general, tratando de medir las consecuencias de sus decisiones; pero la seguridad se fue disolviendo en su boca a medida que hablaba. Las dos preguntas que el Consejo reunido se hizo fueron: ¿Se trataba de un incidente aislado o era solo una muestra de una rebelión premeditada en toda Bengala? De ser así, ¿cuál sería el siguiente lugar elegido? Todos callaron. Nadie sabía las respuestas.

A unos mil kilómetros de distancia en sentido noroeste de donde vivía Charlotte Canning, el domingo 10 de mayo, Elisa Greathed asistía temprano al servicio en la iglesia anglicana de Meerut para escuchar el sermón en compañía de algunos conocidos. Con ella iba su esposo, Hervey Greathed, que arrastraba una brillante carrera diplomática. Había sido enviado a la India veinte años atrás, debido a su formación jurídica y al dominio de lenguas como el persa y el indostaní. Greathed había vivido en el Punjab, en Rajputana y en algunas ciudades del norte como Cawnpore y Allahabad antes de viajar a Meerut, donde residía desde principios de 1855.

El día parecía transcurrir con total normalidad. Ninguna sensación de peligro perturbaba la vida de las familias inglesas acantonadas en aquella ciudad que el príncipe maratha Daulat Rao Scindia había cedido a la Compañía hacía más de medio siglo. Desde entonces, el té de las cinco y los picnics, habían dado a Meerut un inconfundible sabor inglés.

De pronto, a eso de las cinco de la tarde, se escucharon gritos procedentes del campo de maniobras militares. En pocos minutos, el sonido de disparos y el humo elevándose sobre algunas viviendas alertó a la comunidad inglesa de que algo estaba ocurriendo. La primera reacción de Greathed fue coger el caballo y acercarse a los cuarteles, pero los sirvientes le rogaron que permaneciera en la casa junto a su esposa, urgiéndole sobre la necesidad de cerrar puertas y ventanas.

Ya eran audibles algunos gritos, los disparos de cañones, el relinchar de caballos y el toque de cornetas. Numerosos cipayos se aproximaban al lugar donde se hallaban las viviendas europeas. Greathed no era de los que se arredraban, pero, tras sacar de la alacena sus armas y de cargarlas, se encaminó con su esposa hacia la azotea de la casa. Las circunstancias así lo aconsejaban. Otras dos conocidas llegaron corriendo instantes después buscando refugio con el matrimonio. Si alguien hubiera querido encontrar un modelo para acuñar la expresión de rostros pálidos, no habría hallado mejores muestras que aquellas.

En medio de la confusión, supieron que algunos rebeldes habían tomado la ciudad y disparaban contra los británicos que hallaban a su paso. Pocos minutos después, un oficial del 3er Regimiento de Caballería se personaba a todo galope para prevenirles. Él y sus hombres iban a intentar someter a los amotinados, pero la situación era desesperada.

El tumulto creciente, el humo cada vez más espeso, el fuego destruyendo viviendas y comercios convirtieron en pocos minutos la tranquila ciudad de Meerut en un infierno. Gentes despavoridas corrían. Los niños eran ensartados por las lanzas. Las mujeres huían de los soldados que las perseguían para vejarlas y asesinarlas.

Los Greathed y sus dos acompañantes, medio aturdidos aún por la sorpresa, se prepararon para asegurar su posición. La guardia personal del matrimonio fue dispuesta para la defensa en la planta inferior. Pasaron así un tiempo interminable, temiendo por la suerte de otras familias. Con la caída del sol, sintieron la llegada de unos hombres. Por los golpes, comprendieron que se trataba de insurgentes que, tras haber ahuyentado a la guardia, saqueaban la vivienda. Rompían y destruían cuanto hallaban, llamándoles a gritos con voces oscuras y apremiantes. Un terror de pesadilla se adueñó de Elisa y de sus dos compañeras. Nunca habían percibido tan cerca el poder de la rabia y la irracionalidad. Una vez o dos les pareció sentir pasos en la escalera, pero por suerte nadie subió. Escucharon también voces de sus sirvientes, jurando que sus amos no se hallaban allí. De haberles traicionado uno solo, sus vidas hubieran sido sacrificadas.

Transcurrió una hora antes de que comprendieran, por el humo que ascendía, que aquellos salvajes habían prendido fuego a la casa. Las llamas comenzaban a ascender y la humareda hacía irrespirable el aire. La perspectiva de padecer una muerte tan terrible paralizó a Elisa, que entre toses y lágrimas rezó por la suerte de todos. Cuando el fuego amenazaba con alcanzarles, sintieron la voz de su *ayah,* que les llamaba para que intentaran bajar. ¿Qué hacer?, ¿confiar en ella?, ¿o abandonarse a los designios de la providencia? La situación decidió por ellos. Bajaron tan deprisa como pudieron. Su sirviente más fiel les informó de que los cipayos les buscaban para acabar con sus vidas, pero él había logrado convencerles de que se hallaban ocultos en otro lugar.

Era ya de noche cuando la casa se derrumbó con estrépito y, con ella todo cuanto poseían. Habían logrado escapar al jardín en el último momento. Desfallecidos de sed y con los nervios a flor de piel, permanecieron ocultos entre los setos. Elisa apretó las manos de las dos mujeres. Su esposo se apostó cerca de ellas con su revólver en mano.

Nunca fue más bienvenido ningún amanecer como el alba del 11 de mayo; la ciudad estaba destruida. Todo eran ruinas y desolación. No tuvieron dificultad en alcanzar las líneas de Dragones, donde hallaron a otros amigos y al capitán Cookson, que les puso al corriente: dos mil rebeldes habían cometido una masacre. La esposa de un oficial británico que estaba embarazada había sido descuartizada por un carnicero musulmán. La pobre señora Dawson, que se hallaba en cama con viruela, había sido quemada hasta morir. Otras habían sido deshonradas y asesinadas cuando trataban de huir. La masacre en Meerut había sido terrible. Todos sintieron gran ansiedad por los que se hallaban en Delhi. Se decía que los rebeldes habían partido hacia allí bajo el grito de *¡Dilli chalo!* («¡Marchemos sobre Delhi!»). No podían avisarles. El telégrafo había sido destruido.

El cuartel de artillería se transformó en un improvisado fuerte y en hogar para los pocos supervivientes; allí pasarían muchos días protegiéndose del sol y el viento abrasador. Se organizó una fuerza de campo y un pequeño regimiento partió para prestar su apoyo a otras ciudades que lo necesitaran. Aquel grupo de rebeldes al grito de *¡Dilli chalo!* acababa de cambiar el destino de la India.

Ese mismo día, Charlotte anotaba en su diario los detalles de la conversación de Hearsey con su esposo, intentando comprender qué había ocurrido en Barrackpore. Acababa de escribir las últimas palabras cuando llegaron noticias del motín desatado en Meerut veinticuatro horas antes: la 3ª División de Caballería India había asaltado la prisión militar, liberando a sus ochenta y cinco compañeros encarcelados, y había incendiado residencias y asesinado a hombres, mujeres y niños. Aunque Charlotte no llegó a ver el telegrama, se le doblaron las piernas. Le hablaron de los saqueos, de la lucha en las calles, de las matanzas y del corte del telégrafo. Por suerte, Meerut contaba con el mayor contingente de fuerzas británicas en India y había plantado cara a los rebeldes, logrando con ello salvar numerosas vidas. Con ayuda de doce cañones, más de dos mil soldados y oficiales británicos habían hecho frente a unos dos mil cuatrocientos cipayos. Sin embargo, no se pudo impedir su avance hacia Delhi y no se informó a tiempo a otros cuarteles de la revuelta, pensando que se podría contener. Este había sido el segundo error de los ingleses. Se habría salvado la vida de muchos infelices.

Si en un principio se pensó que se trataba de un movimiento irracional, el asesinato de cincuenta mujeres, hombres y niños en Meerut cambió las cosas. Para cuando quisieron darse cuenta, los amotinados habían asaltado un almacén abasteciéndose de importante munición y la revuelta amenazaba con extenderse como un reguero de pólvora. Pero nadie imaginaba aún el alcance del desastre que se había desatado.

No podría decir cuánto tiempo pasaba cada día contemplando su reflejo en la ventana de su habitación. Charlotte había perdido no solo la noción del tiempo sino también la del espacio. Allí, pensando en cuanto ocurría, se veía indefensa y a merced del destino. Se sentía envuelta en una espesa bruma. ¿Dónde estaba el Dharma, el orden del mundo, cuando más se le necesitaba?, ¿dónde la búsqueda de la paz, el respeto a todo ser viviente o la renuncia a la violencia, principios de las creencias hinduistas? Pedía un té azucarado mezclado con leche, al gusto indio, y lo paladeaba ¿Consistía en eso la meditación a la que los indios eran tan adeptos?, ¿en la contemplación absoluta sin pensar en nada?

Era en momentos como aquellos cuando se sentía una perfecta extraña en la India. Ajena a ese mundo de dioses y ritos. No muy lejos de donde se hallaba se asentaba la ciudad sagrada de Benarés. Allí tenía lugar el gran viaje espiritual con la esperanza de liberarse de la larga condena de reencarnaciones. Ancianos, viudas y peregrinos llegados de todos los rincones de la India tomaban el baño purificador, atestaban los templos, felices de saber que la muerte se hallaba próxima. Mientras, en otras ciudades se asesinaba, se violaba... Qué gran contradicción: ¿cuántas reencarnaciones necesitarían para expiar aquellos crímenes? Todos los hindúes deseaban morir en Benarés. ¿Se habían preguntado los rebeldes dónde deseaban morir los ingleses?, ¿qué había sido de la cordial relación entre los cipayos y los ingleses cimentada desde antiguo? Si bien se consideraba a los soldados indios una clase inferior y algunos oficiales, abusando de su superioridad, les habían ofendido con insultos como «negros», ¿aquello justificaba las matanzas?

Después de Meerut, le tocó el turno a Delhi. Allí se vivieron horrores indescriptibles. La noticia le había sorprendido a Charlotte el 13 de mayo, comprando unas baratijas a un comerciante que se personó en la residencia. Su esposo irrumpió en la estancia y, tras echar de malas maneras al hombre, le mostró el telegrama enviado por Colvin, gobernador de las Provincias del Noroeste, dando detalles de la masacre. De entre todas las víctimas, se hablaba de la hija de un misionero y de su amiga, escondidas en un armario, sacadas a golpes y arrastradas hasta la muerte. Otra mujer había quedado herida de gravedad en una caída en el muro del Fuerte Rojo. Sus compañeros tuvieron que abandonarla a su suerte. Al parecer, nunca más se supo de ella. La esposa del director del Banco de Londres había logrado matar a dos de sus asaltantes con una lanza antes de morir.

Los cipayos habían logrado persuadir al último emperador mogol, Bahadar Shah II, para que se sumara a la revuelta asegurándole que volvería a recuperar su título de emperador. Aquel hombre de ochenta y dos años, que llevaba una vida contemplativa escribiendo poesía y pintando miniaturas en su reclusión palaciega, había hallado la forma de vengarse. Más de cincuenta reos europeos fueron ejecutados bajo una higuera situada frente al palacio. Charlotte escribió a la reina, contándole las últimas noticias:

El telegrama era vago y uno podía considerarlo incluso exagerado. Los informes procedían de un ingeniero que había logrado escapar. Aseguró que el capitán Douglas había sido asesinado al igual que todos los europeos residentes en la ciudad. Más tarde llegó un telegrama informando de que los regimientos habían tomado partido por los insurgentes y que Delhi estaba en sus manos. Confirmaba que todos los europeos habían sido masacrados. Después de aquello di un paseo con el mayor Bowie. Así conocí muchas cosas que ignoraba sobre Delhi. Una de ellas, que nunca se había contado con un regimiento europeo en la ciudad pese a que el principal arsenal se encontraba allí.

Durante las frenéticas semanas que siguieron a la toma de Delhi, familias enteras en todo el norte se fueron topando de bruces con el horror. Mujeres que antes habían sido cuidadas por sus sirvientes, habían tenido que rogar por alimentos y beber agua emponzoñada para no morir de sed. La mayoría de quienes lograron huir fueron alcanzados y asaltados poco después. A los que dejaban con vida, les despojaban de sus zapatos forzándolos a seguir descalzos sobre la abrasadora arena y las afiladas piedras. Simon Fraser, amigo del matrimonio, se hallaba entre las víctimas. Hacía poco que Charlotte le había hecho un encargo. Tres días después de recibir la noticia de su muerte, abría una caja recién llegada y descubría los chales enviados por él antes de ser sorprendido por los rebeldes. Aspiró el perfume de aquellas telas buscando el recuerdo de su amigo.

La noticia de la rebelión se extendió por toda la India el 13 de mayo. Un miedo saturado de rumores se adueñaba del aire cada día. La esperanza parecía contener el aliento. Nada que indicara una pronta solución. La sangre se derramaba y la defensa de las ciudades vecinas se hacía imposible. Impotencia. Rabia. Pánico.

Con la cabeza agachada por la pena, Charlotte comprendió entonces cuánta verdad encerraban las afirmaciones de su marido al señalar, un año antes, la vulnerabilidad de las tropas británicas en la India. La mayoría se hallaban acantonadas en Punjab y las más próximas a las ciudades sitiadas se encontraban a varios días de marcha desde Delhi. Penosa situación para Bengala, a merced de los regimientos indios, cuya fidelidad no se podía dar por sentada. Aunque la ley marcial se había impuesto en casi todos los distritos del norte, la barbarie se abría paso.

Durante las dos últimas semanas de mayo, no se pudo hacer nada para salvar a cientos de infelices. Indore, Jhansi y otras pequeñas *hill stations* cayeron también como fichas de un damero. Aun así, muchos oficiales con regimientos cipayos bajo su mando se mostraban aún seguros de sus hombres. Otros podían rebelarse, pero no los suyos. ¡Qué equivocados estaban!, pensó Charlotte.

Algunos días apenas dormía, apenas salía. Un gran pesar estrujaba su corazón. Cuántas vidas perdidas. Cuánto dolor padecido. «No puedo decir cuántos pobres imploran ayuda, pero lo cierto es que hasta que se libere Delhi no hay posibilidad de socorrerles», escribió a su madre. Al caer la tarde, cada día abría la cancela que conducía al jardín buscando alivio.

Tal vez los malos presagios de los brahmanes sobre el final del poder británico no eran tan desacertados. ¿Qué grado de razón tenían? Buscó señales previas a la tormenta. Debieron haber sospechado de aquellos extraños sucesos: en algunas ciudades, la policía local había estado enviando *chapatis* de un lugar a otro. Cada hombre cocinaba doce, se quedaba con dos y enviaba los restantes a diez hombres, que a su vez hacían lo mismo. Aquello se extendió por toda la India. Pese a haber tenido conocimiento de ello, nadie logró dar con el significado. Recordó también los extraños símbolos garabateados en los muros de algunas ciudades y el hecho de que cientos de amuletos protectores fueran vendidos en los bazares. A su vez, flores de loto y pequeños trozos de carne de cabra habían pasado de mano en mano entre los regimientos de cipayos. Bajo el eslogan: *Sub lal hogea hai!* («¡Todo se volverá rojo!»), se repartieron a miles.

Entró en el jardín y se sentó bajo un árbol de mango. Silenciosas macetas la observaban. Ojos curiosos en los rosales parecían seguir el movimiento de sus manos mientras su pluma repetía la misma palabra en su diario: desprevenidos. Desprevenidos. Desprevenidos... Nadie se había preocupado con aquello. En cuestión de días, el control del país se vio derrumbado.

Eran altas horas de la noche y en el gabinete de Charles Canning las voces que durante el día habían retumbado por todo el ala este de la residencia ahora sonaban en apagados susurros. Reinaba un ambiente de calma, como el que se produce tras haber amainado una tormenta. En un rincón, sobre una bandeja de plata, varias copas de aporto vacías lanzaban al aire un olor dulzón. Al otro lado de la sala, los estantes cubiertos de viejos libros, tratados e informes atestiguaban el poder que la Compañía de las Indias Orientales había ido acaparando en los últimos dos siglos. El humo de los cigarros contribuía a viciar aún más el ambiente. En las paredes, los retratos de antiguos gobernadores presidían la reunión con gesto contraído. Sobre la mesa central, grandes y apergaminados mapas parecían descansar tras haber dado buena cuenta de la ubicación de las posiciones enemigas. Con los ojos enrojecidos por el cansancio, Canning los echaba un último vistazo. Observó también a los hombres reunidos en aquel comité. La poderosa figura de su ayudante de campo contrastaba con el delgaducho y joven oficial que había participado con el coronel Smith, al mando del 3er Regimiento de Caballería Ligera de Bengala, en la sangrienta contienda de Meerut. El mayor Bowie, a su lado, con visibles muestras de cansancio, pero también con el ardor de un joven oficial, afirmaba que Havelock podía poner freno a la revuelta si actuaba con celeridad. Se barajaban posibilidades. Se hacían cálculos estimativos sobre las ciudades que podrían secundar la rebelión. Todos coincidían en que el éxito radicaba en la rapidez de la respuesta británica. Nadie envidiaba la situación del gobernador general de la India. Nadie se atrevía a apostar a su favor. Había cometido el error de no adelantarse a los acontecimientos, de no haberlos previsto. Hasta la generosidad de algunos de sus más allegados sonaba falsa. ¿Qué podía haber hecho? —pensaba Canning—, ¿declarar la guerra a un ejército muy superior y en un territorio que dominaban por entero? Los diarios ingleses no se mordían la lengua y Canning era el chivo expiatorio que se necesitaba en aquellos momentos.

Envuelta en un fino chal, Charlotte asistía a la escena sentada en un apartado rincón. Después de haber insistido, le habían autorizado a estar presente pero no podía interrumpir ni opinar. Las cosas le habían quedado muy claras: allí donde no había regimientos británicos y la población civil estaba a merced de los soldados nativos, la revuelta iba a resultar cruenta.

El dedo de un oficial señaló de pronto Allahabad. Si la ciudad caía y el fuerte no resistía, los rebeldes podrán hacerse con cuarenta mil fusiles; los suficientes para armar a toda la India contra los ingleses. Las sombrías expresiones de los allí presentes dejaron constancia de lo que eso supondría. A continuación, las miradas se posaron en Oudh. Era poco menos que imposible que se mantuviera fiel. Sus habitantes se consideraban las últimas víctimas de la opresión británica y estaban ansiosos por recuperar su independencia. Además, muchos de los sublevados tenían allí sus hogares. Pensaron entonces en Lucknow y en Cawnpore. Un prudente silencio cayó sobre el grupo sin que nadie se atreviera a aventurar una conjetura. Todo el regimiento había resultado diezmado en Etawah y las casas de oficiales y civiles habían sido incendiadas. Ambala había sido también presa de las llamas y en Agra las guarniciones británicas estaban sitiadas. Los amotinados no habían dudado en masacrar a cuantos hallaron a su paso de forma tan atroz como indiscriminada.

La reducida asamblea se puso firme cuando alguien pronunció el nombre de Simla, el destino de verano por excelencia, la ciudad mimada, el gran trofeo espiritual de los ingleses. Allí la población y el destacamento habían sido rodeados. Inválidos, ancianos, madres y niños se habían unido en un intento de huir. Otros habían buscado refugio en algunas viviendas. Supieron de mujeres que habían perdido el juicio, de otras que habían logrado escapar a pie por las junglas o que habían huido hacia Kasauli, donde no tardó en desatarse un brote de cólera. Sin duda, los insurgentes habían elegido el mejor momento para rebelarse, cuando el calor era ya insoportable y resultaba peligroso exponerse a sus efectos en los caminos.

La escena dibujada por aquellos ocho hombres no podía ser más desalentadora. Sorprendido en medio de la tormenta, Canning dio su bendición. Al día siguiente todos partirían hacia diferentes destinos. A su manera, cada uno era un símbolo de la resistencia.

Apenas había tenido tiempo de descansar unas horas cuando, con las primeras luces de la mañana, Canning fue despertado por su ayuda de campo con una noticia esperanzadora: el marajá de Gwalior prestaba su ayuda a los ingleses. Aquellas fueron las palabras más alentadoras que escuchaba en días. Esa misma tarde lo comunicó por escrito a sus oficiales: «Ha sido motivo de verdadera gratificación el leal apoyo de nuestro invitado, Jayajirao Scindia, marajá de Gwalior, quien pidió que se le permitiera enviar su guardia de honor, que es su mayor orgullo, así como su caballería hacia Agra. Su ejemplo ha sido seguido por el rajá de Bharatpur y por otros príncipes más modestos». Canning pareció reaccionar y ordenó que se enviaran telegramas a Madrás, Bombay y Pegu,[2] solicitando la ayuda de tropas. Actuando bajo su responsabilidad, envió algunos barcos a Ceilán y Singapur para

---

2. Pegu: Bago, actual Myanmar.

interceptar y desviar una expedición de castigo en su camino a China. Necesitaba aquellos hombres en India.

El gran amigo de los Canning, el general Anson, partió al mando de sus hombres hacia Simla, pero a mitad de camino decidió replantearse su avance optando por Delhi, donde confiaba romper las filas rebeldes. Después de planificar el ataque, para cuando se puso en marcha había pasado un mes. A ello se sumó su lentísimo avance arrastrando la pesada munición y una gran tropa. Mientras tanto, las víctimas en Delhi seguían cayendo. «Anson ha actuado así con el fin de no descuidar ningún detalle que asegure el éxito de su misión, pero ha causado un desafortunado retraso», anotó Charlotte.

Casi todas las noches Calcuta se acostaba estremecida. Al día siguiente se despertaba con brusquedad, como sobresaltada tras un mal sueño. La ciudad alzaba los brazos al cielo pidiendo clemencia, rogando por que el terror no llegara hasta ella. Los soldados ingleses recorrían las calles mirando de reojo a cualquier nativo que se cruzara en su camino. Gruñían a unos, empujaban a otros con la culata de sus armas para abrirse paso. La gente se sentía vulnerable y el terror que aquello producía sacaba lo peor de cada uno. «El pánico se está transformando en demencia», anotó Charlotte. «Aún no sabemos el alcance de la pérdida de vidas en las ciudades tomadas por los rebeldes, cada día llegan noticias de algunos que han logrado escapar. Los informes están sembrados de horrores y el suspense es enorme».

El temor dio paso a la furia. «Todos compran revólveres y piden ser entrenados para la lucha en algún regimiento». En las residencias europeas, las armas rescatadas de las alacenas, el acopio de alimentos y los baúles a medio llenar hablaban sin necesidad de palabras. «La posibilidad del toque de queda está en el aire y nadie se atreve a internarse a ciertas horas por donde antes se caminaba con total tranquilidad». Se alzaron las voces contrarias a la celebración del cumpleaños de la reina Victoria, el 24 de mayo. Charlotte, en cambio, creía que en aquellos momentos no debía paralizarse la vida en la capital. Más que nunca era necesario mostrar seguridad. Algunos aconsejaron a Canning que sustituyera a los soldados nativos por tropas inglesas para la consabida salva prevista durante la ceremonia. Repartir entre ellos los famosos cartuchos no parecía la mejor de las ideas. Pero Canning consideró aquellas sugerencias inapropiadas. «Charles opina que cualquier desconfianza o cualquier pequeña diferencia resultaría imprudente».

La mañana del 24 de mayo, los disparos realizados desde Fort William y desde algunas embarcaciones despertaron a Charlotte. Saltó de la cama y se apresuró hacia la ventana sur de su habitación para averiguar qué pasaba. El trigésimo quinto aniversario de la reina acababa de ser anunciado con el espíritu deportivo que caracterizaba a los ingleses. Algo similar ocurrió el día 20 del mes siguiente. Se cumplían ciento un años desde que más de cien ingleses murieran en el calabozo del fuerte, conocido como «el Agujero Negro». Nadie quiso olvidarlo y se permitió a los soldados indios participar en la carga conmemorativa. «El regimiento nativo, vestido con su uniforme blanco, permanecía en perfecta formación. Los destellos de los disparos aún salían de sus armas mucho antes de que yo alcanzara a oír el sonido, pero supe que todo había ido bien y no se había producido ningún incidente».

Llegaron por fin las primeras fuerzas de ayuda: los Fusileros de Madrás, dirigidos por el coronel Nelly, un militar escocés de temperamento difícil y temido incluso por sus propios hombres. Aquella Compañía había participado un siglo atrás en la batalla de Plassey, cuando mil soldados británicos ayudados por dos mil cipayos habían vencido a un regimiento diez veces superior. Su llegada a Calcuta coincidiendo con el aniversario de aquella victoria resultó simbólica y elevó el ánimo entre los ingleses. Charlotte escribió a la reina:

Muchos regimientos han caído, pero es sorprendente cuántos acantonamientos dudosos han permanecido fieles o han estado bajo control de fuerzas europeas muy inferiores en número. Todas las grandes ciudades en el valle del Ganges que tanta ansiedad nos producían de momento se hallan en calma y el estallido en Lucknow, así como la deserción de varias compañías, no ha inflamado el país. Se habla de un brahmán que vino alentando la desobediencia y el asesinato de los europeos. Fue detenido y juzgado. Obedeciendo las órdenes de sus oficiales, los soldados nativos lo colgaron. Justo después, otro brahmán se presentó anunciando que era un mártir y que quería ser colgado también. A raíz de aquello las tropas nativas se declararon en desobediencia, amenazando con avanzar hacia Aligarh y unirse a sus compañeros en Delhi.

Las cosas no iban a mejorar así como así. A mediados de junio, la zona residencial de Calcuta, la Ciudad Blanca, había enterrado su orgullo y se mostraba encorvada por el peso de los acontecimientos. Dos mil occidentales residentes allí se sentían intimidados por los sesenta mil habitantes nativos. Algunos se seguían agarrando a la ilusión de una pronta victoria, pero el tiempo acababa por minar sus esperanzas. La ciudad respiraba con el alma en un puño. Las armas distribuidas entre los civiles enrolados como voluntarios se delataban entre sus ropas. La estación de ferrocarril era un hervidero de soldados y familias desplazadas. En apenas un mes, la céntrica avenida Chowringhee quedaría iluminada con lámparas de gas gracias a la Compañía Oriental de Gas y se pensaba en pavimentarla, pero nadie parecía celebrarlo. Todos rumiaban la derrota. Fort William reavivaba el recuerdo de otras víctimas del Imperio.

La llegada a Calcuta del temido 78 Escuadrón de los Highlanders coincidió con el que pasaría a ser conocido como el «domingo de pánico», cuando se corrió el rumor de que los cipayos de Barrackpore se dirigían hacia la ciudad. La desbandada no se hizo esperar. Familias enteras escapaban con apenas algunos enseres hacia destinos menos inseguros. A eso de la una y media de la madrugada del domingo, uno de los hijos del general Hearsey se personó en la Residencia con información fidedigna del inminente ataque. Canning propuso entonces reunir a todas las fuerzas europeas disponibles para tratar de desarmarlos.

Nunca sabremos si se pretendía el ataque, pero en un momento como aquel ninguna precaución resultaba excesiva y ninguna advertencia era desatendida. Se decidió desarmar a la mayoría de los soldados nativos, y aquellos que se hallaban bien dispuestos hacia los ingleses aceptaron la medida, sintiéndose inclinados a desertar.

Había días en que las oraciones parecían conmover al cielo. Llegaban noticias de las actuaciones heroicas de algunos indios para salvar a sus amos de una muerte segura.

Se habla de casos maravillosos. Unos oficiales se lanzaron a las aguas del río Juma y lograron ayudar a unas pobres mujeres que huían a nado de la masacre en Delhi. A continuación, vagaron por las selvas, donde fueron asaltadas siendo desposeídas de lo poco que llevaban. Cuando temían lo peor, apareció un campesino que les brindó protección y cobijo. Se habla también de criados que se comportaron con nobleza: la señora Greathed y su esposo en Meerut fueron salvados por su ayah, que les rogó que se ocultaran en la azotea de la casa. Luego esperó a los rebeldes. Les dijo que sus amos se habían ido. Aquello logró rescatar al matrimonio. Otra ayah salvó a las pequeñas de una tal señora Hamilton —que padeció una muerte terrible—, ocultándolas en el chal que llevaba sobre su espalda.

Allahabad, considerada un baluarte contra la revuelta, se declaró también en sedición. Fue un jarro de agua fría. «El repentino cambio del 6º Regimiento supera cuanto hayamos oído sobre la traición. Todos los soldados marcharon hacia Delhi entre los vítores traicioneros de la Compañía Bahadur. Poco después dispararon contra su capitán, un oficial respetado por sus hombres. En aquel holocausto murieron seis jóvenes cadetes que acababan de alistarse».

Situada al sureste de Agra, Cawnpore era una plaza decisiva y, al saber la noticia de su caída, los Canning no pudieron evitar estremecerse. La ciudad contaba con siete mil solados, en su mayoría nativos. Allí vivían más de novecientos ingleses, hombres, mujeres y niños acogidos por Nana Sahib, el príncipe maratha al que durante un tiempo la Compañía había asignado una pensión pero que le había sido retirada. Aquel sátrapa había celebrado pocos días antes un magnífico baile, el más espléndido ofrecido jamás en aquella ciudad. Todos los ingleses habían asistido, bebido champán y bailado a la luz de la luna, coincidiendo en la generosidad de su anfitrión. «Todo en orden», había informado el general Wheeler.

El 6 de junio a las diez y media de la mañana, los regimientos nativos, con la ayuda de doce mil soldados llegados para unirse a la rebelión, asesinaron animados por Nana Sabih. Los supervivientes se refugiaron en una improvisada fortaleza sin apenas agua ni alimentos. Pasaron junio y julio y muchos murieron de sed o de insolación. Puesto que el suelo resultaba demasiado duro para cavar tumbas, los ingleses acumulaban los cadáveres tirándolos luego fuera del edificio. Al caer la noche, salían a rastras y se deshacían de ellos echándolos a un gran pozo. La disentería y el cólera no tardaron en propagarse, debilitando aún más a los sitiados, que caían como moscas. El hijo del general Wheeler, el oficial al mando de la defensa, se hallaba sentado en un sofá, cuidado por sus dos hermanas cuando un proyectil logró traspasar la pared de barro, decapitándole en el acto. Algunas mujeres perdieron la razón ante la suerte que les esperaba. Una misionera que cuidaba de su madre herida se lanzó a las calles desnuda presa de la locura. Más tarde se perdió el edificio que albergaba el hospital. En el incendio que destruyó los suministros médicos, la mayoría de los artilleros heridos y los enfermos perecieron entre las llamas. Dieciocho días después, los soldados habían quedado reducidos a un tercio.

El 24 de junio, Nana Sabih enviaba a una prisionera británica, Rose Greenway, a las fuerzas de defensa, con un mensaje para que se rindieran. Aquella noche, un bronco rumor de desaliento recorrió el campamento. Los hombres, anclados a sus esperanzas, deliberaban bajo la luz de las estrellas qué hacer. Había dudas sobre cómo proceder. Estaban en clara minoría, pero no confiaban en las promesas de aquel traidor. Al día siguiente, llegó una segunda nota acompañada de otra mujer, la señora Jacobi, con las mismas condiciones. La opinión de los que se resistían quedó de nuevo dividida en dos bandos.

Durante las siguientes veinticuatro horas no se produjo ningún bombardeo y el general Wheeler decidió entregarse a cambio de un paso seguro hasta Allahabad. Después de enterrar a sus muertos, los británicos se entregaron en la mañana del 27 de junio. Aquella fue otra fecha que quedaría grabada en la memoria del Imperio a sangre y fuego.

Una gran columna dirigida por Wheeler abandonó la trinchera. Nana Sahib envió algunos carros y elefantes para permitir a las mujeres, niños y enfermos llegar hasta las orillas del Ghat Sati Chaura, en los bancos del Ganges. A los oficiales se les permitió llevar con ellos sus armas y fueron escoltados por casi la totalidad de las milicias rebeldes. Nana Sahib había dispuesto unos cuarenta barcos para que los ingleses emprendieran el viaje hasta Allahabad. Intentaron alejarse de las orillas, pero el cauce del río era débil y era difícil alejarse hasta una distancia prudencial. De pronto, todo fue confusión. Mientras el aterrorizado grupo se apilaba en los botes para ganar distancia, los remeros indios saltaron por la borda tras escuchar la llamada de las cornetas rebeldes y comenzaron a nadar hacia la orilla. La mayoría de los barcos fueron hundidos a cañonazos o resultaron incendiados. Poco después, todo fue una masacre. La Segunda Unidad de Caballería de Bengala y la Artillería abrieron fuego a quemarropa. Algunos cipayos saltaban al agua para rematar a los caídos con espadas. Las aguas del Ganges se tornaron rojas.

Los escasos supervivientes fueron conducidos a la residencia de Nana Sahib. Allí se les obligó a sentarse para ser ejecutados con armas de fuego. Hubo esposas que rogaron ser asesinadas con sus maridos. Se permitió al capellán británico leer una oración antes de la masacre. A las mujeres y los niños, unos ciento veinticinco en total, se les confinó en una habitación conocida como Bibigarh. Charlotte apenas pudo soportar la terrible narración de lo que allí ocurrió después. La imagen de aquellos infelices, habiendo perdido a sus seres queridos y sin conocer su destino, la llenaron de más dolor y más horror que cualquier otra cosa que escuchara durante aquellos fatídicos meses.

«¡Con la ayuda de Dios, las salvaremos!», había prometido Havelock camino de Cawnpore para rescatar a las pocas víctimas que seguían con vida. «Piensen en nuestras mujeres y en los niños pequeños en manos de esos diablos», gritaba a sus soldados, a quienes arrastraba por las resecas colinas. Cuando se encontraba a un día de marcha de Cawnpore, Narra Sabih dio la orden: todos los rehenes encarcelados en Bibigarh fueron asesinados y sus cuerpos arrojados a un pozo. Muchas de aquellas mujeres resultaron vejadas por los nativos antes de morir.

Los soldados británicos hallaron el suelo de Bibigarh cubierto con las ropas ensangrentadas de las víctimas. Quince de ellas eran apenas unas adolescentes. Hasta el soldado más aguerrido se tambaleó ante la visión de aquello. Los restos de un total de novecientos cincuenta hombres, mujeres y niños habían sido arrojados a un foso.

Cuando días después Havelock partía hacia Lucknow tras derrotar a las fuerzas de Nana Sabih, un joven oficial, el coronel James Nelly, quedó al nuncio de Cawnpore. Minutos después de que la tropa desapareciera en el horizonte, hizo que cada cipayo capturado lamiera con su lengua hasta la última gota de sangre derramada en la habitación de Bibigarh, hasta dejarla reluciente. Después, los colgó a todos.

Con Cawnpore, pensó Charlotte, había muerto una parte de India.

Pese a todo, algunos lograron huir a pie o en carros, pero bajo temperaturas de 50 ºC, muchos fueron cayendo en el camino. Los que lograron llegar a Agra en un estado lamentable, cubiertos de harapos, con los pies desnudos, narraron entre lágrimas lo ocurrido. Cuando sus historias alcanzaron Calcuta, la Casa del Gobernador se vistió de luto en un silencio sepulcral.

Saturada de imágenes y relatos que jamás hubiera imaginado, Charlotte entró en un bucle. Se aisló de todo, como si aquello no fuera con ella. Recorría las estancias en una especie de sonambulismo. No estaba el aire cargado de electricidad. La luz tenía una opresiva opacidad y los sirvientes eran fantasmas arrastrando sus cadenas por las galerías. Sus miradas temían encontrarse. Los telegramas avivaban la llama de la ira. Sola y sin testigo alguno, se abandonaba a la pena en sus habitaciones.

Fue entonces cuando su esposo se decidió a sustituir los soldados nativos de la Guardia por otros ingleses, y ella no tuvo nada que objetar. Tampoco lo hicieron los invitados que cada día llegaban a la Casa del Gobierno.

En la capital del estado principesco de Oudh, los amotinados alzaron también sus espadas. Tan pronto vio a las fuerzas rebeldes asediar la ciudad de Lucknow, sir Henry Lawrence dispuso todo lo necesario para el sitio que les aguardaba. Reagrupó en su residencia, así como en los seis edificios anexos, a soldados y civiles junto con sus familias. El conjunto estaba situado entre viejos palacios, mezquitas y edificios administrativos. Allí se establecieron los principales puntos para la defensa. La guarnición de más de ochocientos cincuenta oficiales y soldados ingleses, unos setecientos indios, ciento cincuenta y tres voluntarios civiles y mil doscientos ochenta no combatientes, entre ellos cientos de mujeres y niños, se prepararon para el largo asedio asfixiados por el calor y con escasos víveres.

El 30 de junio, los rebeldes, en un ataque bien orquestado, tenían rodeada la residencia y empezó el infernal sitio. Una μe las primeras víctimas de los bombardeos fue un civil que quedó atrapado por un techo al derrumbarse. El cabo William Oxenham logró rescatarle bajo un intenso fuego de cañones.

El primer asedio fue repelido, pero tres días después Lawrence caía a causa de un proyectil que le alcanzó mientras descansaba en su camastro. El mayor Banks, que le sustituyó en el puesto, moría poco después al dispararle un francotirador. Cerca de ocho mil cipayos unidos a la rebelión y varios cientos de civiles locales sumados al asedio hacían casi imposible la defensa.

Cuando llegaron a Calcuta las noticias del sitio, Charlotte pidió que le fueran mostrados los informes y planos relativos a su defensa. «La reputación del poder británico —escribió a la reina al conocer la muerte de Lawrence— ha sufrido un terrible revés y nada, excepto una demostración de su fuerza, restablecerá la confianza». Cayó en la cuenta de que uno de los jóvenes soldados atrincherados había cenado con ella y su esposo no hacía mucho. Recordó cómo habían compartido risas y confidencias. Debido a su escasa estatura, parecía más pequeño que su propia espada y habían bromeado sobre ello. Era casi un niño. Fue uno de los primeros en caer.

Las víctimas se siguieron sucediendo. Una mujer cayó mientras bebía una taza de té. Otra falleció de un disparo cuando se disponía a acostarse. Se supo que los más valientes llegaron a hacer cientos de salidas en escaramuzas destinadas a minar las fuerzas enemigas y reducir la eficacia de sus posiciones. Mientras, el general Havelock se acercaba arrastrando a más de mil quinientos hombres a través del Ganges. La travesía duró seis días, librando batallas en el camino y sufriendo importantes bajas que redujeron sus efectivos a ochocientos cincuenta hombres.

Uno de aquellos días, Charlotte consultó el libro de firmas de la residencia. Descubrió el nombre del doctor Brydon. Al preguntar si se trataba del único superviviente de la masacre de Kabul ocurrida quince años atrás, comprobó con horror que aquel hombre se hallaba en Lucknow. Su mujer y sus hijos se encontraban con él. Imaginó a todos ellos viviendo el horrible asedio, sufriendo por la incertidumbre, las heridas, las moscas, el hambre, la deshidratación, la total ausencia de higiene, el hedor de los cuerpos en descomposición... La muerte, pensó, debía de suponer para muchos un esperanzador alivio.

Las horas transcurrieron aquel verano en oleadas deformes. ¿Qué habría sido de la madre del teniente Willoughby que había viajado a la India para reunirse con sus hijos?, ¿y de todas aquellas esposas, madres e hijas que se hallaban en Lucknow? En agosto, Havelock lograba brindar su ayuda a los refugiados. Aquel éxito momentáneo disparó el desprecio de la población y la rebelión se extendió hasta convertirse en una revuelta nacional.

En ambos bandos se elevaron gritos clamando venganza. Muchos cipayos seguían sin saber a qué frente unirse, si mantenerse leales o no. De pronto, el curso de la batalla dio un giro y las fuerzas rebeldes comenzaron a ser derrotadas. Los británicos se convirtieron entonces en verdugos y empezó una nueva oleada de destrucción. . «No puedo considerar a esos cipayos como almas humanas -declaró uno de aquellos días el capitán J. W Wade, dando voz a la opinión de la mayoría-, deben ser destruidos como los reptiles que son. Y así fue. Sin juicio previo, muchos fueron ajusticiados sin distinguir entre los leales y los desleales. Hubo incluso misioneros que se sumaron a la venganza.

El otoño llegó envuelto aún en manchas de oscuridad que mostraban las heridas abiertas y las conciencias rotas. En la iglesia, los oficiales dejaban sus pistolas en los bancos y también junto a sus platos de comida en los campamentos. En las cenas ofrecidas en la residencia, el ambiente hervía de consternación: «La venganza es mía, dijo el señor», afirmaban unos, a lo que otros respondían que no dudarían en echarles una mano. El monzón apenas lograba refrescar el aire. Sus húmedos latidos elevaban ráfagas de olor a tierra húmeda. Era el olor de la India. Canning, con idea de suavizar las cosas para evitar males mayores, auspició la firma de una resolución que pasaría a la historia como la

«Orden de la Clemencia», asegurando que los cipayos capturados no serían castigados sin comprobar su nivel de implicación o la gravedad de sus ofensas. Fue otro de los errores que acabarían propiciando su defenestración como virrey.

Siguieron llegando testigos y supervivientes. Mujeres con el cabello hecho jirones y el cuerpo encorvado. Les delataba la luz opaca de sus ojos, intentando olvidar los negros abismos de los que procedían. Esposas del Imperio como ella, pensaba Charlotte. Viudas de funcionarios y clérigos, madres de médicos y soldados caídos en las revueltas, hermanas de policías y maestros a los que no volverían a ver. Ella era una exiliada más, pero al menos podía viajar por el país, conocerlo en todas sus vertientes. También tenía los años contados allí: cinco, a lo sumo seis. Charlotte las escuchaba, intentaba darles consuelo tratando de lavar su conciencia por no haber padecido como ellas. De vez en cuando llegaba también el regalo de una mágica visita, un familiar, amigos de siempre... con los que las habitaciones de invitados cobraban vida. Llegó sir Colín Campbell, el nuevo comandante en jefe de la Armada India, para reemplazar al general Anson y poner algo de paz. Hijo de un carpintero de Glasgow, aquel hombre poseía un rostro bonachón y no tardó en convertirse en un buen amigo de Charlotte.

Lo quisiera o no, el lugar más dulce, el más tibio, el único posible durante su estancia en la India era la Casa del Gobierno. Por ello, al poco de llegar, Charlotte había querido erigir en ella un altar a su amor apagado, hacer de él su hogar. Era consciente de que, desde su llegada a la India, convivía con un extraño. Un extraño atrapado por las obligaciones, por las pilas de papeles y también, según las malas lenguas, por ocasionales amantes. El aire entre ellos se había viciado y las promesas de amor eterno habían sido aparcadas hacía mucho tiempo. Aquel era un mundo sin caricias posibles, sin amaneceres en común y sin esperanzas de descendencia. Un mundo regido por la costumbre y el respeto. Pero ambos habían terminado por hallar en él su propio meandro de paz.

Charlotte se volcó en reformar la residencia. Tomó en sus manos aquel símbolo, aquel emblema de la Compañía para humanizarlo. Había sido el primer gran palacio británico en la India y, aunque como dama de compañía de la reina había vivido en Windsor y estaba habituada a la grandeza, aquel caserón le había impactado. Diseñado con tanto celo a imagen y semejanza de los palacios ingleses, hasta los fantasmas que lo poblaban tenían un inconfundible acento británico. Si uno obviaba la visión de los sirvientes con turbantes y los uniformados centinelas con lanzas, podría llegar a pensar que se hallaba en Surrey o en Kent.

Medio siglo atrás, lord Wellesley había tomado la iniciativa de levantar el edificio acuñando la famosa frase: «India debe ser gobernada desde un palacio, no desde una casa de campo». Durante su mandato había querido dejar clara la autoridad británica en aquella obra. «Si la élite local vivía en aquellos suntuosos palacios: ¿cómo podían los gobernantes británicos esperar ser respetados residiendo en lugares menos grandiosos?

Podía sentir el rastro dejado por el paso de sus antecesoras: una ampliación aquí, unas habitaciones pintadas en vivos colores allá. Retratos colgados en las galerías, un arbusto de rosales en el jardín... Lo veía también en los pesados tapices, en los inermes aparadores de caoba, en los maceteros de porcelana china, en la gastada cretona de las sillas y en los candelabros ausentes de velas. Cada una había adaptado el lugar a sus gustos, a sus preferencias en los platos y en el vino. Y todo aquello se dejaba sentir en la pesada respiración de la residencia. Una respiración de máquina gastada. Sin embargo, ninguna había cambiado la ubicación de la lejana cocina y los suflés seguían derrumbándose por los largos corredores antes de alcanzar el comedor.

Arrastraba sus largas faldas por los corredores, caminaba entre las columnas dóricas del salón de mármol, recorría el gran comedor capaz de acoger hasta cien comensales, curioseaba por los salones de baile con resaca de valses o por el comedor familiar, que con ella nunca conocería el eco de voces infantiles. Solo a veces y con cierto reparo, se asomaba al despacho del gobernador, a la Cámara del Consejo o a la Sala de Recepciones. Los sirvientes acabaron adaptándose también a ella. Se habituaron a su ritmo, a sus decisiones, a su perspectiva. Pese a las reformas y cambios, nada logró espantar el aire de mausoleo en aquel montón de mármol y de maderas antiguas.

Canning se mostraba cada día más desgastado, más agotado. A finales de agosto, el sitio de Lucknow proseguía. Charlotte logró hacerse con una copia del último informe. El agua y los alimentos se habían agotado. Varias veces se había intentado liberar a los refugiados, pero los rebeldes habían excavado minas bajo las defensas provocando una nueva masacre entre soldados y civiles. Además, el estado de los enfermos y heridos, demasiado débiles para huir, frustró las tentativas. A punto de concluir septiembre y con la pérdida de más de quinientos soldados enviados en su ayuda, los supervivientes fueron liberados tras un asedio de ochenta y siete largos y angustiosos días. De los mil setecientos defensores, solo habían sobrevivido novecientos ochenta y dos. Aun así, no serían evacuados hasta dos meses después, cuando lograran sacarlos a base de escaramuzas. Los más afortunados se irían en carros o en camillas, la mayoría, mujeres, niños y enfermos, lo haría a pie.

El frescor logró limpiar parte de la electricidad en el aire. El cielo dejaba caer algunas gotas entre tímidos rayos de sol. La tierra, agradecida, despedía aromas de vida. Las lluvias torrenciales habían lavado el miedo en los caminos y el motín se fue convirtiendo en un susurro. Charlotte regresó a sus quehaceres. Notaba los cambios en el ambiente. La India volvía a recuperar el orden perdido y hasta la residencia parecía más jovial. De nuevo, vestida de rutina, se dedicó a llenar su tiempo. Recorría el laberinto de obligaciones feliz de enfrentarse al montón de papeles que aguardaban en su gabinete. En medio de la peor tormenta de su vida, el trabajo resultó un bálsamo. Escribía a la reina, revisaba detalles de protocolo, atendía la misa en la catedral de St. John, visitaba las misiones infantiles y hasta se regaló algunas horas felices con las acuarelas y la fotografía. Retomó también las reuniones con el ayuda de campo y con su equipo. Planificaba con ellos cenas oficiales, repasaba la lista de invitados, los detalles de las recepciones, asignaba los asientos, examinaba los menús y la decoración, comprobaba hasta el mínimo detalle: los manteles de encaje, los centros de flores, la vajilla de porcelana, la cristalería de importación...

Repasó la agenda de las visitas previstas para las navidades. Visitas de dignatarios, políticos y amigos. Ayudaba a diseñar sus excursiones, trazaba sus recorridos sobre los mapas uniendo montañas, palacios, lagos, cuevas y ruinas, como si bordara un tapiz. Programaba partidos de tenis, de críquet, visitas a escuelas y hospitales para las esposas o excursiones por el Ganges para las familias... La logística era su especialidad. También promovía encuentros con oficiales, con príncipes, organizaba expediciones de caza... Todos querían ver el paraíso, tocarlo, compartirlo con los rajás, llevárselo de vuelta en forma de trofeos cinegéticos. Algunos se quedaban lo que parecía una eternidad. Tomaban la residencia como base de sus escapadas turísticas por la India. Luego regresaban pasado un mes esperando encontrar sus estancias tal y como las habían dejado. Por primera vez desde la primavera, Charlotte se sintió en paz. Resultaba extraño, pero no añoraba su vida en Londres. A sus cuarenta años se sentía viva, útil, pese a todo lo vivido.

Las tropas enviadas desde Inglaterra fueron desembarcando. Calcuta se llenó de soldados. Mostraban con orgullo que estaban allí para afrontar los rigores de la batalla sin saber que la batalla ya había sido librada por indefensos civiles.

A finales de septiembre, llegaron noticias sobre Delhi. Había sido recuperada el día 14. Aquella sería otra fecha que los ingleses no olvidarían jamás. Sin duda, pensó Charlotte al leer el informe, debía de haber sido una noche épica. Muchos ingleses murieron en la heroica misión. Los rebeldes huidos marcharon hacia diversos puntos, pero no fue hasta finales de octubre cuando el comandante en jefe consideró que contaba con suficientes hombres para poder ir tras ellos para acorralarlos.

El día de la noticia de la liberación, hasta la luz de la mañana pareció brillar con renovada esperanza. Charlotte se animó a dar un paseo a lomos de elefante acompañada de un oficial y de una pequeña escolta. Las calles recuperaban su vida. Las tiendas tenían sus puertas abiertas, las charlas animaban los bulevares antes desiertos y el pulular de nativos y europeos discurría por las anchas avenidas. El Club de Bengala había vuelto a recrear la atmósfera que hiciera de él uno de los lugares de reunión más importantes de la India desde su inauguración en 1827. En sus orígenes, había aceptado tan solo a ciento cuarenta y un miembros. El retrato de su primer presidente, el teniente coronel J. Finch, secretario militar de la East India Company, aún colgaba en el comedor. Sus ojos seguían intimidando, pero parecían brillar con complacencia tras la noticia de Delhi. Altos mandos militares, banqueros, empresarios y algunos médicos de renombre, los únicos socios admitidos, volvían a llenar las espaciosas salas y a teñir las paredes de la biblioteca y del salón con el humo de sus puros. Calcuta volvía a recobrar el pulso.

Era cuestión de tiempo y, en octubre, el creciente descontento con la política de clemencia de Canning provocó una petición a la reina para que el virrey fuera relegado. Charlotte halló un nuevo frente por el que luchar. Inició una campaña en apoyo de su esposo y envió numerosas cartas a palacio desmintiendo lo que para ella eran infamias. A finales de mes, en la ceremonia en honor del recién nombrado Cuerpo de Voluntarios de Infantería y Caballería de Calcuta, Charlotte fue invitada a dar un breve discurso. Cerca de seiscientos soldados de infantería, ciento ochenta de caballería y numerosos fusileros llenaron el *Maídan*, atiborrado a su vez de civiles. La primera dama de la India emocionó con sus palabras sencillas. Los allí reunidos, habituados a las arengas grandilocuentes, hallaron en ellas el aliento que necesitaban.

Ese mismo mes visitó a los heridos en el Fever Hospital. Logró llevarlos más allá de la reducida geometría de sus habitaciones con mensajes de ánimo. También se ocupó de que los huérfanos, viudas y refugiados regresaran a Inglaterra. «Muchos de ellos lograrán volver a sus casas», escribía a la reina.

Sus pasajes son pagados y se les asigna además una pequeña suma de dinero. Aquí se ha hecho mucho para ayudar
a estas gentes en forma de ropa, préstamos y hogares para
darles refugio. Un gran número es apoyado por el Fondo de
Ayuda, aunque no sabemos aún el grado de su angustia. Se
esperan refugiados procedentes de Oudh y sus alrededores
cuando el camino hacia el noroeste esté abierto.

Charlotte y su esposo contribuyeron al Fondo abierto para
ayudar a los refugiados.

La reina recibía la feliz noticia de la evacuación de los defensores de Lucknow el día anterior a navidad y contestaba la última
carta de Charlotte sin ocultar su alegría: «¡Gracias a Dios! ¡No
puedo explicar la alegría que nos produce recibir la noticia justo
antes de navidad!». Aun así, el rescate exigió un alto precio: Havelock, el héroe de Cawnpore y de la liberación de Lucknow, moría
allí el 24 de diciembre a causa de la disentería. El hombre que había resistido mil y un ataques y asedios de los cipayos era vencido
por una de las armas más mortales e invisibles de la India.

La llegada del coronel Charles Stuart, primo carnal de Charlotte, para ocupar el puesto de secretario militar, supuso una brisa de aire fresco. Él describió así la llegada a la residencia y el
encuentro:

Hombres vestidos de escarlata con las palmas de las manos
juntas nos esperaban en la puerta de la Casa del Gobierno. Nos condujeron a la sala de estar y allí, con un vestido
claro de muselina, estaba una delgada y pálida lady Sahíb
con sus ojos brillantes de bienvenida. Lord Canning llegó poco después para saludarme, tras lo cual se ausentó
y nos quedamos solos de nuevo. Charlotte habló y habló
sin parar, diciendo: «Debes de estar cansado, pero no te
vayas aún. ¡No he hablado así desde hace una eternidad!».

Fue delicioso descubrir el consuelo que supuso para nuestra querida Charlotte tenernos allí.

Llegó también John Stanley, el nuevo ayuda de campo, con el mandato de poner orden en algunos asuntos. Charlotte buscó con la mirada alguna pista de lo que aquello significaba. Algo importante había cambiado. La India se preparaba para transformarse en un nuevo escenario.

Pese a ello, aquellas navidades lograron endulzar el espíritu de Calcuta. La residencia exhibió una sonrisa complacida por primera vez en mucho tiempo. Los europeos, fieles a sus tradiciones, hicieron lo posible para celebrar aquellas fiestas a la usanza de sus ciudades.

Tratan de mantener vivo el espíritu de la Navidad al estilo de Inglaterra, pese a que algunos conservan solo un tenue recuerdo de ella. Las tiendas se iluminan y la gente se agolpa para comprar plum cakes, así como todo tipo de chucherías y regalos. Todo el mundo se muestra hospitalario: acogen a los estudiantes y cadetes desamparados en sus fiestas familiares.

Pocas veces se había sentido Charlotte Canning tan eufórica al despertarse. 1857 anunciaba su fin despertando a todos con el ruido de los cohetes y el tañer de campanas. Las veintiuna salvas disparadas desde el fuerte anunciaban el fin de una pesadilla y recibían el Año Nuevo con estruendos de esperanza.

Se puso un vestido nuevo, un fino collar de perlas, se perfumó con agua de lavanda y hasta eligió una pequeña flor para tocar su pelo recogido. Eran las diez de la mañana cuando partió para asistir a una fiesta ofrecida a los hijos y huérfanos de las tropas británicas. Las risas, los globos, las carreras de sacos y los pasteles fueron un precioso preludio del año que se estrenaba. Luego almorzó con algunas mujeres con las que estaba poniendo en marcha un comité de ayuda a las viudas, fue al hospital cargada de dulces y pequeños regalos para los enfermos, y regresó en calesa a la residencia satisfecha.

Varias salvas anunciaron ese día la puesta de sol, algo inusual, y los soldados y oficiales de la residencia se pusieron firmes con una media sonrisa dibujada en su rostro. Resultó un día maravilloso. Nunca se sintió Charlotte tan feliz al dejar atrás un año.

Dejaba también atrás una parte de sí misma. Se había endurecido, había aprendido a controlar sus emociones bajo circunstancias extremas. No obstante, le llevaría un tiempo asimilar lo ocurrido.

El 9 de enero de 1858, al cumplirse dos años de la llegada de los Canning a Calcuta, atracaba en la ciudad el primer vapor con los supervivientes de Cawnpore. La bienvenida dispensada a aquellos héroes y heroínas en el embarcadero fue apoteósica. Allí estaban algunos familiares y amigos, en primera línea, buscando entre las frágiles figuras algún conocido. El grupo estaba integrado por quince viudas, veinte oficiales heridos y ciento treinta civiles. La primera viuda desembarcó con sus cuatro pequeños hijos. La multitud, en un silencio que podía escucharse, se apartó para abrirle paso. Así, uno tras otro, fueron descendiendo de la pasarela con sus rostros castigados por el hambre. Horas y horas, días y días de indecisión, de sufrimiento, quedaban atrás. A ojos de los allí presentes, todos ellos representaban la grandeza del pueblo británico. Ninguno de los congregados para recibirlos olvidaría tan conmovedor momento. Era la emocionante imagen de la victoria.

Esa misma tarde, Charlotte recibió a las mujeres. La mayoría tardarían en recuperarse, otras perderían la cordura de por vida. El golpe había sido terrible. Hubo casos como el de Catherine Bartrum, una joven de veintipocos años, cuyo esposo y único hijo habían perecido en el asedio. Ella no solo sobrevivió a la experiencia, sino que salió fortalecida: volcó su pesadilla en un libro con el que quiso dar a conocer además de lo que ocurrió, cómo fue posible que ocurriera, en prevención de que algo así volviera a repetirse.

El trauma también afectaría a los más pequeños. Al día siguiente de la llegada de los refugiados, cuando se produjo el habitual disparo de cañón anunciando las seis de la tarde *(evening gun)*, uno de los niños, de dos años de edad, anunció a su madre con gesto interrogante: «Mamá, alguien acaba de morir».

Fue entonces cuando Charlotte puso en marcha un programa para evaluar el grado en que las víctimas habían sufrido los ataques. Cómo habían muerto, las violaciones a las mujeres, cómo se podría haber evitado. Elaboró un sucinto informe que envió a la reina con sus conclusiones. Después, dejó Calcuta para realizar un largo viaje por el sur.

Cuando el 30 de enero Canning partió hacia Allahabad, la prohibió que le acompañara. «Me temo que pasarán tres meses antes de que volvamos a vernos y, puesto que es muy severo prohibiendo a sus hombres que lleven a sus esposas, no seré yo quien dé mal ejemplo».

El destino elegido por ella para pasar los meses de calor fueron las Colinas Nilgiri, un viaje de más de dos mil kilómetros que la depositó, un mes después, en una de las más hermosas estaciones de verano de la India. Pero las colinas fueron solo el pretexto. Necesitaba volver a surcar las aguas del golfo de Bengala, recorrer las mesetas centrales, las ciudades épicas y las verdes y puras elevaciones de una parte del país que no conocía. Se cumplía el segundo aniversario de su estancia en la India, y embarcó poniendo rumbo a Madrás a bordo del *Chesapeake*. Le acompañaban dos damas, el mayor Browie y un joven ayuda de campo al que se referiría en adelante como Johnny Stanley y con el que trabó una estrecha amistad.

Apenas pisaron Madrás y enseguida se internaron por el interior, primero en tren y más tarde a base de charabanes, viajando de noche para evitar las horas de mayor calor. Tras varias jornadas a lo largo de caminos poco trillados, llegaron a Bangalore, donde fueron recibidos por el Comisionado general, «el más solícito caballero que jamás he conocido». En algunas zonas escarpadas, Charlotte y sus dos amigas fueron transportadas en *tonjons*, unas sillas sujetas a la espalda de los porteadores. Cruzaron pueblos dormidos hasta alcanzar alturas de

1500 metros y en las que Charlotte se sintió revivir. La nútica ciudad de Mysore fue la recompensa antes de alcanzar las colinas Nilgiri. El Rajá les recibió con un lujo solo propio de otros tiempos.

Se esforzó al máximo para honrarme a pesar de mi intención de pasar desapercibida. El camino estaba flanqueado por soldados de lo más pintorescos, así como elefantes, camellos y caballos enjaezados y una banda de músicos. Algunos portaban el estandarte principesco en una procesión que no parecía real. Los hombres corrían al lado del carruaje sosteniendo hermosos paraguas y telas, haciendo girar un manto de seda. Un anciano pronunció un discurso cargado de lealtad, afirmando que debía todo al gobierno.

Pasaron unos días en Ootacamund, considerada por muchos «la reina de las *hill stations*» y una de las ciudades balneario a la que los ingleses acudían para tratarse diversas dolencias desde 1821. Rodeada de bosques de eucaliptos, parecía enmarcada por un paisaje azul que, de hecho, había dado nombre a las colinas llamadas «Las Montañas Azules». Búfalos de agua, cabañas y pastores hacían de aquella región bendecida por la abundancia una especie de Arcadia Feliz. Las gentes convivían con la naturaleza en perfecta armonía, ajenas a cuanto había ocurrido en el norte. Su rústica hospitalidad, su frugalidad y hasta su ignorancia compensaron la balanza de sentimientos del grupo hacia la población india.

De regreso atravesaron puertos de montaña y bosques que ejercieron también un poder sanador en todos ellos. Cocineros, muleros, hombres portando tiendas y vituallas sorteaban en columna los ríos y puentes con agilidad. Charlotte se sintió como un pájaro al que hubieran abierto la jaula.

Nuevas nubes de tormenta se cernían sobre Canning aquella primavera. De todos fue lamentada la pérdida del capitán Frederick Wale, que tan bien había servido para recuperar Lucknow. Había fallecido mientras cabalgaba en persecución de los rebeldes. Su pérdida cayó sobre Canning como una losa. A aquella desgracia se sumaron las críticas del Parlamento por sus últimas y desacertadas medidas. Tan pronto se había recuperado Lucknow, Canning dictó la que sería conocida como la «Proclamación de Oudh», confiscando las tierras de los terratenientes indios como símbolo de derrota y sumisión. Entre los mayores críticos de aquello, se encontraba lord Ellenborough, el recién nombrado presidente de la Junta de Control de los asuntos indios, quien lanzó una fiera campaña contra el gobernador de la India.

«Otros conquistadores fueron más benévolos con el pueblo. Usted ha actuado sobre un principio opuesto, declarándolos merecedores del castigo y golpeados con lo que resulta la pena más severa». Dichas declaraciones, publicadas por *The Times* el 8 de mayo, dieron de lleno en Canning. El hombre al que el gobierno británico había saludado como su embajador en la India se había convertido de la noche al día en un paria.

Para cuando Charlotte alcanzó Bangalore, supo que, pese a todo, su esposo contaba aún con el apoyo de algunos miembros del gobierno. Lord Ellenborough acababa de ser cesado y el Parlamento respaldaba la política de su representante en la India. Además, la suerte parecía inclinarse al fin a favor de los británicos. El 20 de junio, se declaraba sofocada la revuelta con la derrota de los últimos rebeldes acantonados en Gwalior. El 8 de julio pasaría a la historia como el día en que se firmó el tratado de paz por el que la guerra se daba por finalizada.

El *Soonamookie* reunía todos los lujos imaginables. Sus refinadas líneas estaban diseñadas para que el barco del gobernador general de la India surcara las aguas con la elegancia de un cisne. Pieles de tigres cubrían el suelo de las estancias y diversos abanicos de plumas de pavo real repartidos aquí y allá ayudaban a los pasajeros a combatir el calor. Los servicios de plata, la porcelana china y el cristal de Bohemia lucían en los manteles adamascados. Los sirvientes, ataviados en color albaricoque y esmeralda, atendían las cinco cabinas donde los viajeros podían descansar o escribir. Eran responsables de que no faltara nada en los baños, donde las toallas de lino, los jabones de lavanda y las colonias de jazmín se reponían por el solo hecho de que alguien los tocara. En lo alto de la cubierta, cuando la esposa del gobernador y sus doncellas mostraban deseos de dormir al raso, se disponían cómodas camas protegidas por mosquiteros. Remolcado por un vapor repleto de tropas, el *Soonamookie* era una isla deslizándose con la tranquilidad de una princesa custodiada por un dragón.

Un segundo barco lo seguía. Equipado con cocineros y una pequeña granja, hacía las veces de despensa y cocina. Las viandas más suculentas, los pasteles de pistacho más dulces y las cremas más aromáticas se cocinaban en él al ritmo del cadencioso chapoteo de los remos.

La tercera embarcación, de menor calado, se destinaba a transportar a los viajeros hacia los embarcaderos de cada parada. El emblema de la Compañía de las Indias, grabado y panelado en oro, los cordones color escarlata, la alfombra en cubierta, el toldo de seda y los soldados con turbantes rematados con penachos de plumas anunciaban enseguida la naturaleza de sus pasajeros.

Durante un mes, salvando los 1000 kilómetros que separaban Calcuta de Allahabad y con la lentitud de una nube pasajera, la vida transcurría en otra dimensión. Los paisajes ondulantes a lo largo del Ganges, los búfalos paciendo, los bosquecillos de juncos, el olor a tierra madre en las orillas, las ciudades encantadas de las dinastías mogolas, la fulgurante silueta del río Son, las puestas de sol entre las ruinas de Pataliputra en Patna y la espiritualidad en los *ghats* de Benarés conducían hacia las entrañas mismas de la India. En medio de la quietud que reinaba cada noche o en la soledad crepuscular de los atardeceres, el pensamiento se sentía tan a gusto alojado en el mundo de los sentidos que se negaba a discurrir, a cavilar, a juzgar... Todo era perfecto. La vida, pese a todo lo ocurrido, también lo era.

Los años le habían alcanzado a Charlotte Canning y con ellos una suerte de paz. Allí se hallaba el hogar temporal de su amor desgastado y a ese amor se seguía aferrando. Qué le importaban los rumores, qué le importaban que se congelaran las palabras entre ella y su esposo, que en la mente de él siempre hubiera un lugar mejor donde estar. Qué le importaban los amaneceres sin sus caricias, los rescoldos de una pasión lejana... Podría construir con todo ello un nuevo edén para ambos. Se conformaba con muy poco para ver el paraíso si estaba en su compañía. Tras seis largos meses de separación, se le ocurrían una y mil acuarelas con las que dibujar su amor por él.

Allahabad aún no se había recuperado de la devastación. La ciudad tenía el pulso acelerado, la mirada inquieta. Cualquier sonido más fuerte de lo habitual la sobresaltaba. Se mostraba con la vergüenza de quien es sorprendido con las ropas hechas jirones y los ojos de resaca, sin tiempo para acicalarse tras una noche de excesos. El corazón que llevaba dentro estaba encogido y era imposible pronunciar siquiera su nombre sin sentir una profunda y sincera pena. La niña mimada del emperador Akbar era una anciana decrépita y hasta las aguas del Ganges, del Yamuna y el Sarasvati parecían deslizarse deprisa en su confluencia —el punto conocido como Triveni y sagrado para los hindúes—, sobrecogidas por todo lo ocurrido.

Cincuenta y seis años atrás, el nawab de Oudh estrenaba siglo cediendo gran parte de su territorio a los ingleses a cambio de protección contra las amenazas procedentes del noroeste. Allahabad había estado en el generoso lote, y desde entonces en la vieja fortaleza mogola ondeaba la Union Jack como símbolo de los nuevos tiempos en medio de un paisaje con sobredosis de pasado.

En 1834, Allahabad se había convertido en la sede gubernamental de la provincia de Agra, acogiendo la creación del Tribunal Superior de Justicia. Qué mal había jugado sus cartas aquella ciudad durante la rebelión. Por sus calles había corrido la sangre inocente tras sumarse al motín junto con ciudades como Agra y Ambala y las represalias le habían golpeado donde más le dolía.

Un año después de desatarse la rebelión y por uno de esos azares de la vida, Allahabad iba a convertirse en capital de la India británica por un día y treinta años después iba a acoger el nacimiento del que lideraría el movimiento de la independencia: Jawāharlāl Nehru.

Para Charlotte, aquel era un lugar deprimente. Un lugar «donde la gente vivía en un campamento». Su esposo se alojaba en una pequeña y destartalada vivienda, una de las pocas casas europeas que no habían sido incendiadas. Acuciado por sus problemas, Canning recibió a su esposa con semblante sombrío. Apenas le prestó atención y, en las pocas ocasiones en que ella intentaba hablar con él, se mostraba hosco e intratable. Jenny Stanley describía así la situación del matrimonio en una carta.

No apruebo la forma en que el gobernador trata a lady Canning. Ella se preocupa, buscando la forma de agraciarle y él se muestra malhumorado. La otra noche durante la cena estuvo despectivo con ella sin razón alguna. Su pobre rostro se mostró dolorido y, aunque rio intentando quitar importancia a la situación, la suya fue una risa cargada de agonía. Busqué la forma de ayudarla, pues se muestra tan devota y orgullosa de él como una persona pueda estarlo.

El otoño trajo un nuevo orden de las cosas. La India no volvería a ser la misma. La Corona británica no había olvidado lo sucedido y el 1 de noviembre, a través del Acta del Gobierno de la India, la reina Victoria dictó la abolición de la Compañía de las Indias Orientales. La Corona británica se hacía con el control directo del país, estableciendo su soberanía con el nombre de «Raj Británico». Los gobernadores generales pasaban a ser designados por el monarca, que podía reorganizar el ejército, el sistema financiero y la administración. Una vieja era quedaba atrás.

Charles Canning pasó a convertirse en el primer virrey de la India y su esposa recibió el título de virreina. El Acta cambió el orden de las cosas. Se creaba en Inglaterra la oficina del secretario de Estado para la India, destinada a supervisar los asuntos del país con el asesoramiento de un nuevo Consejo integrado por quince miembros con sede en Londres. Gran Bretaña se anexionaba un nuevo bocado que sería llamado «la Joya de la Corona».

«Hemos resuelto tomar nosotros el gobierno de la India administrado hasta ahora por la Honorable Compañía de las Indias Orientales», declaraba la reina Victoria. Aquellas palabras fueron leídas en cada estación civil y militar de la península. La fecha para tal momento histórico fue elegida cuidadosamente y la proclamación estuvo precedida de saludos militares y fuegos artificiales. En los acuartelamientos de Srinagar en la lejana Cachemira, en los campamentos próximos a Peshawar, en la iglesia anglicana de Simla, en el fuerte de Agra, en las residencias de la verde Manipur, en los edificios públicos de las Provincias Centrales, en el fuerte de San Jorge en Madrás, en el Ayuntamiento de Bombay, en Bangalore o en Cochín, la noticia fue recibida con conmoción. No se producirían más expansiones territoriales y se respetarían los acuerdos alcanzados con los monarcas nativos.

Sus estados principescos conservarían cierta autonomía interna. A cambio, sus relaciones exteriores y la defensa de sus territorios pasaron a ser responsabilidad de la Corona.

El diamante Koh-i-Nur («Montaña de Luz» en persa), de ciento ocho quilates, que había sido el brillante símbolo del poder mogol y que fue siendo tomado como trofeo de guerra hasta pasar, con la anexión del Punjab en 1849, a manos de la Compañía de las Indias Orientales, se convirtió en la más preciada Joya de la Corona británica.

A partir de 1858, la riqueza de la India pasaba a pertenecer al Raj en vez de a los príncipes nativos. La era que muchas inglesas habían conocido cuando fueron cautivadas por la magnificencia de la corte mogol quedaba para siempre atrás.

Aquellas navidades, la vida parecía discurrir como siempre pese a los cambios acaecidos. El azul del cielo era el mismo y el silencio en la mesa durante las cenas de los Canning tampoco cambió. Lord Clyde aún correteaba con sus tropas por la India persiguiendo a los últimos rebeldes, a los que cada vez menos población nativa prestaba apoyo. Charlotte retomó sus actividades filantrópicas. Mantuvo una nutrida correspondencia con asociaciones benéficas y organizaciones de ayuda a las viudas y huérfanos y volvió a escaparse a su rincón favorito: Barrackpore, el único en el que lograba olvidarse de todo. En la primavera sintió de nuevo la necesidad de pintar acuarelas. Retratar escenas de la India le daba respuestas a muchas preguntas. Los ritos cargados de fervor, los paisajes amables, las gentes sencillas contenían los gérmenes de cuanto amaba de aquella tierra. En cierto sentido llegó a una tregua con el país. En agosto, Canning le sugirió que le acompañara a un largo viaje por el norte. Su propósito era demostrar que la paz y el poder británico habían sido restaurados. La ruta atravesaría entre otros puntos Oudh, Agra, Delhi y

Simla. Como si la hubieran aflojado un dogal de hierro, sintió que respiraba solo con la idea de dejar Calcuta.

Dos meses después de aquella charla informal, Charlotte y sus dos damas de compañía se hallaban instaladas en sus tiendas, en el lujoso campamento levantado a las afueras de las ruinas de Cawnpore. Pese a todo lo acontecido allí, cada día salía el sol iluminando los árboles próximos al campamento. La luz alumbraba otras realidades con una inocencia desconocida. Charlotte se hubiera quedado varada allí por un tiempo.

La polvareda levantada por la larga caravana era visible a varios kilómetros de distancia. Los ochenta elefantes, con su paso acompasado, componían una mancha tan oscura como insólita. Tras ellos, medio millar de camellos en perfecta formación se arrastraban con el polvo adherido a sus tambaleantes jorobas. Unos y otros, elefantes y camellos, llevaban a cuestas las ciento cincuenta tiendas destinadas a los Canning y a su *staff*. Obedientes y obstinados, otros quinientos camellos y quinientos bueyes tirando de sobrecargadas carretas los seguían. Los acompañaban hombres de pieles oscuras y sudados turbantes: los más de quinientos culis que respondían de los objetas entregados para su custodia. Entre otros, los frágiles cristales de las ventanas practicadas en las tiendas que se plantaban cada noche. El esfuerzo y el cansancio se reflejaban en sus rostros, pero ninguno osaba aminorar el paso. Rezagarse hubiera sido un gesto imperdonable de debilidad.

A lo largo de aquel oleaje en movimiento, los cien *bhistis* encargados de transportar el agua, y los cuarenta sirvientes confiados a la limpieza parecían solitarios gladiadores. Los imprecisos contornos de sus tinajas, plumeros y escobas semejaban a lo lejos espadas y escudos con demasiadas batallas a cuestas. Con los ojos cegados por el sol y el polvo, apenas acertaban a permanecer dentro de la columna.

La comitiva avanzaba con la lentitud de una diezmada tropa entre ardientes torbellinos. Mozos encargados de los animales, apuestos jinetes, sumisas doncellas, centinelas y cocineros, algunos con sus mujeres e hijos, se perdían entre la guardia personal que completaba el séquito. Cerca de veinte mil personas integraban aquella gigantesca columna.

Cada día, con las primeras luces, una avanzadilla, formada por decenas de ojeadores, partía en busca de un lugar donde acampar. Al día siguiente, la retaguardia se encargaba de recoger el campamento cuando todos habían partido. Un solo hombre era responsable de dirigir aquella ciudad andante: Fred Roberts, un héroe de los motines ascendido a Mariscal de Campo. Aquel joven oficial, que asistía a las cenas ofrecidas cada noche, no dejaba de admirarse por los esfuerzos de Charlotte en amenizar las veladas. Mientras que Canning esparcía su antipatía, ella espolvoreaba su diplomacia entre los oficiales limando asperezas y animando las tertulias.

En Lucknow, recorrieron los puntos donde se habían producido las masacres. Las residencias habían desaparecido o mostraban visibles marcas de disparos. El lugar donde miles de personas se habían refugiado durante meses era un amasijo de ruinas.

El fuerte de Agra, superviviente del largo asedio, seguía en pie como un herido de guerra. Parecía mirar al horizonte con la indiferencia de un náufrago al que ya no le importara si le rescatarán o no. La antigua capital mogola era un recordatorio de sucesos dolorosos. Los árboles muertos en torno al Taj Mahal tardarían en florecer y pasaría mucho tiempo antes de que las heridas que habitaban sus rincones dieran paso a la frescura de la vida.

En la segunda semana de diciembre, la comitiva llegaba a Meerut. Durante la tercera noche, estando acampados en las afueras de la ciudad, una de las estufas prendió fuego en la tienda de Charlotte. En pocos minutos, todo el campamento se hallaba en estado de alarma. Charlotte perdió algunos objetos personales de valor, parte de sus diarios, cartas y escritos. «Estaba segura e ilesa, así que no lamenté nada excepto la pérdida de algunos bienes personales».

En algún lugar impreciso entre Meerut y Delhi, los Canning recibieron el nuevo año. 1860 se anunciaba en las vastas estepas próximas al Punjab. Después de tres meses de viaje, Charlotte disfrutaba con su ambulante vida sin echar de menos la residencia de Calcuta. Delhi le defraudó. Apenas quedaba nada del boato del que había oído hablar. La ciudad se hallaba sumida en la más profunda decadencia y apenas pasaron tiempo en ella. Pusieron rumbo a Umbala y cruzaron las aguas del mítico Sutlej, el primero de los cinco ríos del Punjab.

El Punjab había sido uno de los últimos territorios incorporados por los británicos. El antiguo reino sij se había transformado en una provincia indo-británica, si bien algunos pequeños estados principescos mantuvieron cierta autonomía a cambio de reconocer la soberanía británica. Aquellos que se habían mantenido al margen durante la sublevación rebelde los recibieron con todo boato. Un desfile de elefantes y caballos recorrió las calles de la mítica ciudad de Lahore a la llegada de los Canning. Fuegos artificiales y galas coronaron su estancia en la ciudad que en el siglo XVI había sido capital del imperio mogol. Allí el grupo se dividió en dos. La mayor parte del contingente se encaminó hacia el noreste, hacia la ciudad de Silkot, mientras que un grupo más reducido, integrado por los Canning, prosiguió hacia Peshawar.

Antes de regresar a Calcuta, el matrimonio deseaba ver el último rincón del Imperio, la puerta de entrada de los invasores de la India, el paso de Jáiber (Khyber). El desfiladero de algo más de 50 kilómetros por el que la historia se había colado durante tres mil años representaba la culminación del viaje. Persas, mogoles y tártaros expandieron el islam cruzando su corredor de piedra. Alejandro Magno arengó a sus soldados galopando en sus quebradas. Como afirmaría años después el oficial británico George

Molesworth, «es imposible encontrar una piedra que antes no se haya teñido de sangre».

En el camino de regreso, los Canning se internaron por el hermoso valle de Beas, uno de los cinco ríos del Punjab. Alcanzaron las ciudades de Sangra y Dharamsala, asentadas en los Himalayas, donde por primera vez en cuatro años los Canning sintieron la caricia del auténtico frío.

Tras seis meses en ruta, Charlotte deseaba prolongar el viaje. Amaba el oasis que cada día se producía al calor de las hogueras en un lugar diferente. Se sentía barrida por todas aquellas historias y ciudades que jamás volvería a pisar. Cuando estando en Simla se le presentó la oportunidad de viajar hacia Mysore, no le hizo falta pensarlo. Canning, en cambio, estaba ansioso por retomar el trabajo en Calcuta.

Fundada pocos años atrás por un oficial británico que quedó enamorado del lugar, Mysore, conocida como «la Reina de las Montañas» y alzada a dos mil metros, resultaba casi impracticable. Era necesario atravesar profundas gargantas en los bordes del Tíbet y adentrarse por pasos donde un solo resbalón equivalía a una muerte segura. La ciudad se asomaba a la cordillera bautizada como «cabellera de Shiva» y por sus farallones discurrían, cristalinas, las aguas del río Tista. Acompañada de dos fieles oficiales de Canning, Charlotte realizó un viaje sin precedentes que inspiró la carta más larga dirigida a la reina.

A lo largo de las estrechas gargantas vimos mujeres llevando pesadas cargas. Al principio me sentí angustiada ante aquella visión, pero se las veía alegres, charlando mientras ascendían por los caminos casi perpendiculares, sin perder el resuello. Llevaban curiosas prendas con enormes trenzas de lana de oveja en la parte de atrás de sus cabezas... Iban cubiertas de mantas sujetas, a modo de escultura griega, con un enorme broche de bronce. Todo el territorio pertenecía a un rajá, que solía enviarnos a sus gentes principales con regalos. A veces un lama vestido de color azafrán aparecía de pronto. El budismo nos sorprendía en los pequeños templos, en sus urnas pintadas en tonos amarillos y en las piedras grabadas a orillas del camino.

En aquel viaje de más de un mes, realizó hermosas acuarelas de todo cuanto vio. Descubrió un mundo que cambió su percepción de la India y también de la vida. Asumió una nueva dimensión que no imaginaba que existiera.

El verano de 1860, un calor nunca antes conocido sumía Calcuta en un estado sofocante, casi irrespirable. Charlotte buscaba la forma de sobrevivir después de los meses vividos en el frescor de las montañas. Las lluvias tardaban en llegar y aquello traía consigo el peligro de las enfermedades. «Ahora sé lo que es el calor, un calor que nunca antes había conocido», escribió. La primera víctima de la disentería fue James Wilson, el leal consejero de Canning. La segunda, el recién nombrado gobernador de Madrás. Solo las frecuentes escapadas a Barrackpore proporcionaban alivio a la vida en Calcuta.

A finales de año, los Canning emprendieron otro gran periplo que los llevaría desde Benarés hasta el interior de la península. Aquella travesía a lo largo del Ganges les mostró otra parte del país. «Paramos en muchos lugares, asistimos a numerosos encuentros con algunos rajás de Bengala, visitamos obras del ferrocarril, túneles y puentes en vías de construcción». Aun llevando menos escolta, movilizar la comitiva equivalía a mover una ciudad. En Mirzapur alumbraron las calles a su llegada. Cruzaron el estado principesco de Rewa. Visitaron Jabalpur, donde una gran representación de rajás les recibió. Conocieron a descendientes de la dinastía Holkar, que en el pasado habían gobernado extensos territorios. Llegaron hasta la mítica Indore, que había sido capital del estado principesco del mismo nombre. Cruzaron Nagpur, hogar de antiguos príncipes marathas, y Bhopal, fundada por un rey que quedó cautivado por los lagos que la rodeaban... Aquel sería el viaje de despedida antes de dejar la India a principios del siguiente año.

El tiempo pasaba y Charlotte se proyectaba ya en su regreso a casa. Sus cartas hacían cada vez más mención a su partida. «Para el próximo año por estas fechas, si seguimos con vida, estaremos de vuelta en Inglaterra», escribía a una amiga. El verano lo pasó en Barrackpore, como no podía ser de otra forma, pero en octubre vio la oportunidad de viajar a Darjeeling. Aquella fue su última aventura. Cruzó parte de aquel territorio a lomos de su poni blanco y fue uno de los más hermosos regalos captados por su mirada. «El bosque nunca se acaba y llena el aire de una humedad que jamás sentí».

El 4 de noviembre de 1861 dejaba Darjeeling sintiéndose algo enferma. Iba escoltada por el secretario del gobernador de Bengala, que no se apartaba de ella para poder sujetarla en caso de que resbalara. Su paso no era firme y el sudor perlaba su frente. Llegó a Calcuta tras haber sufrido un colapso a causa de la disentería. Solo recuperó fuerzas para escribir una carta a su esposo. Canning partió de inmediato de Allahabad para reunirse con ella. Cuando llegó, el 10 de noviembre, halló un fantasma ojeroso, en un estado de delgadez preocupante. Charlotte padecía fiebres altas y jaquecas.

Su estado se deterioraba y Canning decidió escribir a la reina anticipándose a la tragedia. Al amanecer del 19 de ese mes, Charlotte, sin saberlo, dio su último suspiro en brazos de su esposo. Llevaba inconsciente desde los últimos cuatro días. Tenía cuarenta y cuatro años. Una sola pregunta le atormentó a Canning durante las aciagas horas en compañía de su esposa moribunda. Una pregunta que le desgarraba por dentro. Que le acosaría en adelante: ¿le había dicho alguna vez que la amaba?

El día de su fallecimiento, permaneció en la habitación intentando habituarse a la idea de vivir sin ella. Organizó el entierro sin olvidar ningún detalle, ordenó que ningunas manos nativas tocaran el cuerpo de su esposa, que ninguna persona que no fuera de confesión cristiana se acercara a su tumba.

La noche después de su muerte, los restos fueron llevados bajo una luna brillante a Barrackpore. La ceremonia recorrió en silencio los 30 kilómetros de distancia entre ambos lugares. Hasta el río parecía discurrir con la mansedumbre de la pena. Once soldados británicos esperaban junto al que sería su último hogar. Canning había elegido el lugar preferido de Charlotte, aquel que había sido su oasis indio: «Es un rincón hermoso, mirando hacia el río que tanto le gustaba dibujar. Queda protegido del sol por altos árboles y está situado entre los brillantes arbustos que tanto amaba».

Uno de los encargados de llevar su féretro, ayudante de campo de Canning y jefe de la Guardia Real, narró así el entierro:

> En la noche siguiente a su muerte, una solemne precesión pasó por el salón de baile que se hallaba en la parte superior de la Casa del Gobierno, descendiendo después por la ancha escalera y a continuación por la espléndida escalinata de la entrada principal, tras lo cual depositaron su solemne carga en el carruaje de ocho caballos. Todo el personal siguió a los carruajes y el cortejo fúnebre prosiguió a paso lento hacia Barrackpore, donde nos sorprendió el amanecer. Lord Canning había ido antes.
>
> A medida que los primeros rayos del sol iluminaban el Ganges, el triste grupo, con el virrey a la cabeza, acompañó el ataúd a una colina cubierta de hierba y situada en el jardín privado, visible desde el río pero escondido del parque público. Allí depositaron los restos mortales de la adorada condesa Canning. Lamentábamos el estado de su

esposo, pensando en el contraste ofrecido por su agitada administración y la desolación que había caído sobre su vida privada.

Algunos chismosos quisieron incidir en el distanciamiento entre marido y mujer, pero todo lo que puedo decir es que nunca lo percibí, porque, aunque lord Canning, bajo la presión propia de los gobernadores, se recluía en su habitación, donde solía desayunar y almorzar, era considerado con ella. Su comportamiento en la muerte de su esposa demostró cuánto la amaba.

Muchos dijeron que Canning aprendió a amarla tras su muerte. Espoleado por la culpa y la pena, el que había sido un distante y autoritario esposo nunca volvió a hallar consuelo. A través de los diarios de Charlotte constató la profunda devoción que ella siempre había sentido por él. Se enamoró de ella tras haberla perdido, tras haberla ignorado y evitado muchas veces en vida.

A partir de entonces, comenzó a ir con frecuencia a Barrackpore. Cada mañana y cada tarde, solía vérsele junto a la tumba con un ramito de flores frescas. Si su trabajo le requería en Calcuta, cada sábado por la tarde, a la hora de la muerte de Charlotte, se desplazaba hasta allí. Lo hizo hasta que dejó la India. Nunca había cedido a los ruegos de reunirse con ella en aquel lugar. Ahora lo hacía siempre que podía.

Por una de esas coincidencias, la muerte de Charlotte Canning fue seguida, un mes después, por el fallecimiento del príncipe consorte, Alberto de Sajonia, esposo de la reina Victoria. El telegrama anunciando la muerte de lady Canning llegó a la reina justo nueve días después de haber enviudado. Tuvo que pasar un mes antes de que la monarca reuniera fuerzas suficientes para responder a Canning y expresar su profundo dolor.

Toda Inglaterra lloró la muerte de lady Canning. Fue la perfecta *ladysahib*, la perfecta dama victoriana, tanto en Inglaterra como en India. Hizo un sacrificio supremo por los ideales del Imperio con devoción y entrega. Soportó con elegancia las silenciosas cenas con su esposo, su mal humor, las habladurías sobre su suerte, la soledad, las miradas compasivas de la sociedad anglo-india y los terribles motines. Hizo oídos sordos a las críticas sobre la gestión de su marido, cerró filas en torno a él y por encima de todo lo amó, como amó la India.

El día de su muerte, uno de los diarios de Calcuta afirmaba que su pérdida causaría tristeza en todo el país, donde ninguna otra dama había sido tan respetada. Sus sucesoras se verían eclipsadas por su fama. Habiendo establecido para las futuras virreinas los ideales, el autosacrificio y la caridad que se esperaba de ellas, lo tuvieron difícil.

Por su parte, el pueblo indio inmortalizó su nombre bautizando uno de los alimentos como *ledikeni* (por lady Canning), un dulce a base de leche, harina y azúcar.

En 1873, los restos de Charlotte fueron trasladados a la catedral de Calcuta para preservarlos de los efectos de las riadas y los monzones.

El museo Victoria and Albert de Londres contiene algunas de las trescientas cincuenta acuarelas con las que inmortalizó una época que ha quedado atrás y los paisajes, ciudades y gentes que descubrió a lo largo de los cuatro grandes viajes por la península del Indostán.

Canning murió en Inglaterra en junio de 1862, siete meses después de que lo hiciera su esposa. Tenía cuarenta y nueve años. Al parecer, su muerte fue ocasionada por problemas en el hígado (algo normal en los residentes en India) provocados por los frecuentes ataques de disentería. Sin embargo, quienes le conocían afirmaron que la verdadera causa fue la pena. Meses antes de su muerte, su piel se había vuelto pálida: «Todo su rostro se había aclarado», afirmó su hermana.

Su estatua ecuestre de bronce fue llevada a Barrackpore y depositada muy cerca de donde había sido enterrada su esposa. Su figura, silenciosa y rígida, se yergue contemplando el vacío dejado por Charlotte Canning.

India acabó con la vida de Charlotte Canning, como lo hizo con su esposo, con lord Dalhousie, su antecesor, y con la esposa de este. Menos de un año y medio después de su fallecimiento, la India y el Imperio se cobraban una nueva víctima: lord Elgin, el siguiente virrey. Tres gobernadores generales sucesivos en India y dos de sus esposas, muertas por los ideales del Imperio.

EPÍLOGO

El caso de Margaret Wheeler

En 1907, la pregunta sobre la suerte de una inglesa llamada Margaret Wheeler que había estado durante la masacre de Cawnpore —hoy Kanpur— seguía sin respuesta. ¿Murió el fatídico 15 de julio de 1857? La leyenda parecía sentirse a gusto rondando a esta figura mitad heroína mitad superviviente anónima. Según cuentan algunas crónicas, en 1907 un sacerdote católico de Cawnpore recibió una extraña petición: una anciana musulmana quería confesar su identidad y ser enterrada según los ritos cristianos después de su muerte.

Se identificó como Margaret Wheeler, apodada Ulrica, y afirmó ser la hija de sir Hugh Wheeler, que había estado a cargo de la guarnición de Cawnpore durante el motín de los cipayos. La madre era Frances Matilda, hija a su vez del oficial del ejército de la Compañía de las Indias Orientales Frederick Marsden y de una mujer india de la que se desconoce el nombre. Se sabe que Margaret Wheeler vivió el asedio de Cawnpore con sus padres y su hermana, Eliza Matilda Wheeler. Su hermano cayó mortalmente herido durante los combates. Luego, en la masacre que tuvo lugar en el Satichaura Ghat, sus padres y su hermana también resultaron asesinados. Ella, posiblemente fue una de las mujeres y niños supervivientes que fueron conducidos a la estancia conocida como Bibihar (el nombre 'Bibighar' se ha acuñado a partir de dos palabras, 'Bibi' y 'Ghar', donde 'Bibi' significa una esposa, una concubina o una dama y 'Ghar' significa casa. El uso original de este lugar se refería al espacio destinado a albergar a la señora de la casa o la esposa). En este caso, BibiGhar formaba parte de las antiguas dependencias de la residencia de sir George Parker, que era magistrado en Cawnpore.

Alrededor de 120 mujeres y niños fueron confinados allí en condiciones miserables. Más tarde se les unieron otras mujeres y niños, los supervivientes de la embarcación donde iba el general Wheeler durante la emboscada del Satichaura Ghat. Otro grupo de mujeres y niños británicos procedentes del acantonamiento de Fatehgarh, así como algunas europeas cautivas llegadas de diversos puntos también fueron confinadas en Bibighar. En total, había alrededor de doscientas mujeres y niños. El calor, el pánico y la sed hacían de ese lugar el mismísimo infierno. Desde fuera eran audibles los llantos, los gritos y los lamentos de todos ellos.

El líder indio, Nana Sahib, los puso bajo el cuidado de una prostituta llamada Hussaini Khanum, quien los obligó a moler maíz para hacer chapatis. Las malas condiciones sanitarias en Bibighar provocaron diversas muertes por cólera y disentería.

Nana Sahib decidió utilizar también a estos prisioneros para sus propios fines. Intentó negociar con la Compañía de las Indias Orientales, cuyas fuerzas integradas por 1000 soldados británicos, 150 sikhs y 30 soldados de caballería irregular, habían partido de Allahabad bajo el mando del general Henry Havelock para retomar Cawnpore y Lucknow. Exigió la inminente retirada de aquellas fuerzas a Allahabad. Sin embargo, los ingleses siguieron avanzando implacablemente hacia Cawnpore.

Tras dos fallidos intentos de Nana Sahib por detener su avance, Havelock y sus hombres se acercaban cada vez más a Cawnpore. Tras saber que los hombres de Havelock estaban cometiendo actos de violencia contra los aldeanos indios y creyendo además que en el futuro pudiera identificarse a los cabecillas de las matanzas de boca de los supervivientes, decidió que fueran asesinados tanto las mujeres como los niños confinados.

El 15 de julio se dio orden de hacerlo. Algunos cipayos se negaron a obedecer dicha orden pero cuando Tatya Tope amenazó con ejecutarlos por incumplimiento del deber, accedieron a sacarlos al patio. Nana Sahib abandonó el edificio porque no quería ser testigo de la masacre que se iba a cometer.

Las mujeres y los niños se aferraron unos a otros e intentaron atrincherarse en el interior atando los tiradores de las puertas con ropa. Unos veinte soldados rebeldes abrieron fuego desde el exterior haciendo blanco a través de algunos agujeros en las ventanas tapiadas. Otros, al oír los gritos procedentes del interior y perturbados por la escena, dispararon al aire o arrojaron sus armas declarando que no iban a matar a más mujeres y niños.

Lo que siguió fue una de las mayores atrocidades durante los motines, y algo que los ingleses no olvidarían jamás.

Begum Hussaini Khanum pidió a su ayudante que terminara el trabajo. Se echó mano de carniceros que asesinaron a los cautivos con afilados cuchillos. Parecía que todos ellos habían muerto. Sin embargo, algunas mujeres y niños habían logrado sobrevivir ocultándose bajo los cadáveres. Se acordó arrojar los cuerpos de las víctimas a un pozo seco. Cuando, a la mañana siguiente, los rebeldes llegaron para deshacerse de los cuerpos, hallaron a tres mujeres todavía vivas y también a tres niños de entre cuatro y siete años. Todos ellos fueron arrojados también al pozo. Algunas de estas últimas víctimas fueron enterradas vivas entre un montón de cadáveres descuartizados. Ninguno sobrevivió.

Una vez que los ingleses tomaron la ciudad, hicieron recuento de los muertos. El cadáver de Margaret Wheeler nunca fue hallado. Sin embargo, se dio por sentada su muerte. El Memorial de las Víctimas de 1857 menciona su nombre. Todas las crónicas y los registros oficiales aseguraron que había muerto en Bibighar. Sin embargo, durante un tiempo corrió también el rumor de que había sido secuestrada (o rescatada) por un soldado de caballería indio, llamado Ali Khan, quien la tomó como su esposa. De esta manera, evitó su muerte durante la masacre.

Los periódicos ingleses de la época habían encumbrado a Margareth Wheeler como símbolo del valor de las mujeres inglesas durante los terribles sucesos. En 1857, 1865 y 1907, su nombre apareció repetidamente en los periódicos de Cawnpore. En 1857, los informes aseguraban que, siendo atacada por un soldado de caballería llamado Nizam Ali Khan, se defendió matándolo a tiros antes de suicidarse. Se extendió el rumor de que lo había hecho para evitar una agresión sexual. Aquella versión de los hechos fue vista como un acto heroico de coraje. Se realizó una imagen de la posible escena que fue muy conocida y aún hoy día sigue siendo muy representada en libros y revistas. Margaret Wheeler, disparando con una pistola a un cipayo y rodeada de otros tres hombres, dos de ellos caídos en el suelo, se convirtió así en una figura prominente en la propaganda de guerra británica.

Sin embargo, en 1865 algunos periódicos locales indios, citando a un británico llamado Edward Leckey, informaron de que esta mujer seguía viva. Leckey aseguró haberla visto en un bazar de Cawnpore ataviada con vestimenta musulmana. Cuando Leckey preguntó por ella, le dijeron que era la esposa de Nizam, un soldado de caballería de la Compañía de las Indias Orientales. Leckey había trabajado a las órdenes del general Wheeler y conocía a toda su familia. Aquella mujer era Margaret, con toda seguridad.

Tras 50 años de los sucesos de Cawnpore, Margareth Wheeler regresaba a la vida. La afirmación de aquella anciana de que había sobrevivido a la masacre planteó serias dudas y preguntas. De ser así, una vez los británicos recuperaron el poder, ¿qué le había impedido revelar su situación? ¿Qué le llevó a ocultar su paradero y su condición de esposa del soldado nativo? Para ella, la toma de control de los británicos era el mejor momento para vengarse entregando a Nizam. ¿Acaso, lo que le impidió hacerlo fue una cuestión de amor? De ser así, Margaret Wheeler se ocultó de la sociedad británica para que aquel hombre pudiera vivir. Pero estando a las puertas de su muerte quiso confesar que era la misma mujer a la que habían dado por muerta. ¿Fue así?

Hoy, en el lugar donde se encontraba la estancia de Bibighar en el recinto del acuartelamiento del general sir Hugh Wheeler en Cawnpore, hay varios edificios en ruinas, algunos construidos en 1811 y que fueron ocupados por los británicos. La mayoría quedaron destruidos en 1857. Casi novecientos ingleses fueron masacrados en estos recintos. La gente local afirma que las ruinas están embrujadas, *Bhootaha Bangla*, por fantasmas británicos. Tal vez el espíritu de Margaret Wheeler, una de las mujeres inglesas que vivieron aquellos terribles sucesos, siga vagando hoy como una embajadora de lo que es capaz el amor, cuando este hace uso de todo su poder en los peores momentos para tender un puente que conduce al perdón, o al menos, a la conciliación.